JN438427

박종국 제6수필집

기행문학의 진수

그곳에 가보고 싶다

외송 박종국

오늘의문학사

▪ 작가의 말

멀리 혹은 가까이 여행을 떠난다. 잊어야 할 것도 있고 꼼꼼히 챙겨야 할 것도 있다. 버릴 것은 아낌없이 버리며 활력소를 찾는다. 처음에는 호기심에 낯설어도 돌아올 때는 보석 같은 추억과 아쉬움을 안고 온다.

빼어나게 아름다운 우리의 산하로 오늘도 그곳에 가보고 싶다. 봄 여름 가을 겨울 언제라도 좋다. 혼자가 아닌 누군가 함께해도 좋을 섬으로 산으로 이른 아침에 떠났다가 저녁 무렵 돌아오면 될 곳이 너무나 많다.

2012. 05. 신록이 출렁이는 계절에
버드내 초록마을 外松文房에서 박 종 국

▶ 차 례

제2부 일본에서

제3부 산, 발걸음 머무는 곳

제4부 중국에서

제1부

섬, 바다가 있는 풍경

청산도를 거닐며

도청항에서 하선하여 면사무소 앞 작은 광장을 지나 음료수 빈 피티병으로 재활용하여 만들어진 달팽이문을 지난다. 이것도 느림의 상징이었던가. 달팽이 또한 얼마나 느려터지고 그래도 끈덕지던가. 하루종일토록 힘껏 달려가 보았자 불과 얼마 되지 않는 거리지만 어쩌면 달팽이는 나름대로 사력을 다했을 것이다. 그렇다고 그 누구도 굳이 눈여겨보지 않고 뭐라고도 않는다. 다만 능력이 그렇고 살아가는 방식이 그럴 뿐이다. 우리 인간사도 이런 일들이 아주 많겠지만 정작 간섭하지 말아야 할 곳에서 상처까지 주면서도 아무렇지 않게 이러쿵저러쿵하지 않나 싶기도 하다.

도락리 방향이다. 언덕이 벌써 샛노랗다. 길목에 슬로길 안내와 함께 야외 특별 전시장처럼 사진액자가 일정한 간격으로 걸려 있다. 섬의 풍습이며 곳곳에 숨어 있는 비경도 있고 지난날 초등학교 졸업 모습이라든지 생활상을 고스란히 담아내어 우리들의 삶 속에 촉촉이 젖어들면서 진솔함이 묻어나기도 한다. 사진 속의 모습은 더 이상 변화하지 않는다. 아무리 시간이 빨리 그리고 훌쩍 지나간다고 하여도 변화할 수 없는 시간들이다. 그러기에 잠시 발걸음을 멈추고 사진 속에서 잊혔던 자신만의 그 옛날을 찾아보며 회심에 젖고 추억의 향수에 시나브로 빠져들기도 할 것이다.

마늘밭에서 그 특유의 냄새가 올라오지 싶다. 대궁이 제법 굵어지고 마늘종도 뽑았다. 살그머니 종을 잡고 조심조심 잡아당겨서 보드득거리며 뽀얀 속살이 나오도록 뽑아야 한다. 그래야 영양분이 뿌리로 가서 알이 보다 통통하게 실어 상품 가치를 높일 수가 있는 것이다. 미로 같은 돌담을 따라 간다. 외양간에서 농촌에서만 맡을 수 있는 처음엔 그리 달갑지 않은 역겨운 냄새가 몰려나온다. 그러나 시간이 흐르면서 새로운 환경에 젖어들며 살아있는 훈훈한 향기로 느껴질 때 비로소 농촌을 조금은 이해하게 될 것이다. 이것이 꾸밈없는 우리가 살아온 풍경이기도 하다.

해안 휘리체험장으로 원시적인 고기잡이 방식이다. 바닷물이 들어왔다가 썰물에 미처 고기들이 빠져나가지 못하도록 돌로 큼직한 울타리를 둘러쳐서 만들어 놓은 것이다. 곰솔이 제법 나이를 먹어 늙수그레하다. 조그만 포구가 아늑하다. 간이의자에 앉아 소나무향과 함께 한 폭의 풍경화를 만들어내는 바다를 감상한다. 제법 따갑게 퍼지는 햇살을 맞으며 다시 길을 나선다. 이곳에서는 서두르거나 빠른 걸음으로 재촉하면 반칙이 되는 셈이다. 섬 전체가 어디를 가나 아주 느리게 즉 슬로길이다. 그래야 그 맛에 흠뻑 빠져들고 잊혔던 지난날들을 되살려낼 수가 있는 것이다.

당리 언덕이다. 90년대에 임권택 감독이 대박을 낸 '서편제'를 촬영한 곳이다. 지형이 높다보니 사방을 둘러보는 풍광 또한 빼어나다. 주위에는 때마침 시원하게 불어오는 갯바람을 타고 샛노란 유채꽃밭에 청보리밭이 넘실거리고 마늘밭도 한 몫을 거든다. 황톳길 따라 엉성한 돌담이 굽이를 돌고 진도아리랑이 흥겹게 흘러나온다. 고샅길을 빠져나가면 아담한 2층집 건물이 마치 동화 속 그림 같이 언덕배기에 서있다. 인기 드라마였던 '봄의 왈츠'를 찍은 곳이다. 수많은 사람들이 모여서 웅성거리며 뒤늦게나마 봄 잔치를 만끽하며 거리낌 없이 덩실덩실 춤을 추고 있지 싶다.

섬이지만 바다만 의존할 수는 없다. 거친 산기슭을 깎아 밭을 일구고 구릉지에 논을 만들었다. 그러다 보니 자연 돌이 많이 나왔다. 돌을 주워내며 자연스럽게 동네에는 울타리로 돌담을 치고 밭둑에는 경계로 굽이굽이 돌담이 생겨났다. 그것이 오늘날 정겨움이 묻어나고 친밀감으로 다가서기도 한다. 좁은 바닥에 다랑이 논이 생겨났다. 또한 먹을 물이 적어 지붕에는 큼직한 물통을 놓고 빗물을 받아야 했다. 논에 물이 헤프니 곧잘 마르는 천수답으로 하늘만 탓할 수 없었다. 우리 조상들의 지혜는 기발한 착상으로 바닥에 구들을 깔고 흙을 덮는 구들장논까지 생겨났다.

바람에 수많은 청보리밭이 일렁거리며 물결치는 모습이 또한 장관이다. 일부는 누렇게 익어가는 모습이 보이기도 한다. 한참을 바라보노라니 뜬금없이 그 어렵던 오륙십 년대 보릿고개가 가물거린다. 겨울의 추위쯤은 아무것도 아니라 했다. 정말 그 고개를 넘으려면 혹독한 대가를 치러야 했다. 아마도 계절적으로 요

즙이지 싶다. 아침저녁 아니 수시로 푸른 보리밭을 오가며 누런 기운이 감돌면 모가지를 똑똑 따서 돌절구에 찧는 둥 마는 둥, 그것으로는 부족해 쑥을 잔뜩 버무려 시장기를 채워야 했다. 그것도 배불리나 먹었으면 싶었다. 괘씸하게 새카만 깜부기도 많았다.

사방에서 기계음이 들린다. 시퍼런 보리를 베어내고 있다. 아니 왜 벌써 보리를 베는 것일까 궁금증이 났다. 지난 말일에 슬로길 걷기 행사가 끝났기 때문이란다. 지금 보리를 베어내야 군에서 농사를 짓지 않은 것으로 되어 일정액의 보상금을 타낼 수 있단다. 그리고 베어낸 풋보리는 소의 사료가 된단다. 보릿고개를 떠올리면 좀 야박스럽다는 생각이 스치기도 한다. 일종의 행사용 장식품이었던 것이다. 소들이 울에서 목을 길게 내밀고 보리를 맛있게 먹고 있다. 그나마 다행인 것은 지난번 구제역으로 온 나라가 몸살을 앓았는데 이곳은 청정지역이라 무사히 넘어간 것이다.

읍리다. 하마비에 고인돌이 있다. 공원으로 잘 꾸며 놓았다. 청산도에는 그 어느 곳보다 분묘가 아주 많지 싶은데 잘 관리되며 숭조사상이 높다는 생각이 든다. 어느 곳은 깜짝 놀랄 만큼 잘 꾸며진 곳도 있다. '咸陽朴氏世葬山'의 거대한 빗돌을 보면서 순간 가슴이 뭉클해지기도 한다. 비록 작은 섬에 지나지 않지만 이미 청동기시대부터 사람이 살은 유서 깊은 곳이다. 그러나 지금은 다른 곳과 마찬가지로 젊은 사람은 자꾸 뭍으로 도회지로 떠나가며 빈집이 늘어나고 묵정밭이 생겨나면서 고령화되고 있지만 말년에는 다시 찾아든다고 하니 죽어서 더 대접을 받는 곳일까.

또한 독특한 장묘문화인 초분(草墳)이 있다. 말 그대로 하면 풀 무덤인 셈이다. 이제 어쩌면 마지막이 될지 모르지만 이 섬에서 가장 높은 매봉산 자락 억새밭 속에 작년까지 초분을 만들었다. 시신을 담은 관을 맨땅 위에 모신 다음 짚이나 억새 같은 풀로 엮은 이엉을 2~3년 동안 덮어두었다가 뼈만 추려서 다시 땅에 묻는다는 것이다. 죽은 육신이지만 비바람 치는 자연에 맡겨서 살은 걸러내고 미처 썩지 못한 뼈만 수습하여 흙속에 묻는 것이다. 참으로 특이한 의식인 것이다. 그뿐 아니라 일반 분묘도 정성을 다하여 모시며 동네 이웃에 자연스럽게 함께 하고 있었다.

청산도는 전남 완도항에서 20km 가까이 떨어진 다도해해상국립공원 쪽빛 바다 한가운데 작은 점으로 마침표를 찍은 듯 동쪽으로 거문도 서쪽으로 소안도 남쪽으로 제주도를 바라보며 3천여 주민이 살고 있는 작은 섬이지만 청산이라는 이름에 걸맞게 산도 바다도 하늘도 푸른 기운이 넘쳐난다. 그러나 그 옛날의 모습을 고스란히 간직하고 있어 변화가 느린 마을이라는 슬로시티로 불리는 대표적인 곳이다. 하지만 이제 뭍에서 물밀듯이 밀려드는 인파로 몸살을 앓으며 자정능력을 잃고 실용적인 개발이라는 먹잇감 앞에 꼼지락꼼지락 변화를 재촉하고 있는지도 모른다.

♬ 2011. 05. 03.

공룡 찾아 남해 바래길

봄은 남쪽에서 먼저 오고 가을은 북쪽에서 먼저 오지 싶은데 바다가 보고 싶고 섬이 보고 싶어 남쪽바다로 갔다. 남해 바래길을 걷고 싶다는 생각이 들었다. 작은 포구 야트막한 산길을 오른다. 길은 옛날의 마찻길처럼 엉성하니 바닥에는 잡풀들이 엉켜있다. 해안을 타고 간다. 처음부터 고사리 밭이다. 가도 가도 끝이 없는 고사리 밭이다. 밭이 됐든 산자락이 됐든 나무 밑이 됐든 온 동네 온 산이 고사리 밭이다.

바래길은 고사리에서 시작하여 고사리로 끝나지 싶다. 고사리 농사는 4월 중순부터 6월 하순까지 2개월여 수확을 한다. 멀리서 잠시 돌아보면 마치 대관령 목장의 초지 같기도 하고 고랭지 푸른 배추밭 같기도 하다는 생각이 얼핏 스쳐가기도 한다. 고사리 밭에 유난히 뱀이 많다고 하였던가. 3번이나 뱀과 마주쳤다. 마주치는 순간 섬뜩했지만 뱀도 움찔하여 멈추는 듯싶다가 기겁을 하며 사르르 방향을 틀어 달아났다.

어미 뱀이 새끼 뱀을 불러놓고 틈만 나면 항상 인간을 조심하고 믿지 말거라. 전생에 무슨 악연인지 마주치기만 하면 돌로 가차 없이 내리치려하거나 심지어는 잡아다가 몸보신까지 하려고 하니 각별히 주의하라. 아주 무서운 상대로 무조건 먼저 피하며 아예 인간들이 다니는 길목에는 얼씬도 하지 말라고 하였는지도 모른다. 그런데 잠시잠깐 깜빡하였는지 길목에 나왔다가 마주쳤으니 얼마나 오금이 떨렸을까나 싶기도 하다.

길가에서 알밤을 주울까 기웃거려보기도 한다. 고구마, 고추, 무, 배추밭이 있고 조도 고개를 숙였다. 씀바귀가 훌쩍 자라 꽃을 피우고 민들레 꽃씨처럼 부풀어 다음 귀착지로 여행준비를 하고 있다. 가을 길은 아무래도 한들거리는 코스모스가 보다 정겹게 다가서기도 한다. 개가 목이 쉬도록 컹컹 짖어대기도 한다. 산자락을 돌아서면 작은 포구가 나타나고 포구는 아주 조용하다. 먹을거리가 마땅치 않은지 갈매기도 보이지 않는다.

한낮 날씨가 무척이나 무덥다. 햇살이 연신 따라오며 괴롭힌다. 그늘에 들어서면 해송 사이로 청량한 바닷바람이 밀려온다. 아, 정말 살맛나게 시원하다. 마냥 주저앉아서 쉬고 싶지만 누가 대신 가주랴. 결국은 함께 해도 혼자서 가는 길이다. 엉성해 보이는 호박넝쿨 줄기에 맷돌 같은 둥글고도 넙적한 호박이 듬직하게 매달려 따끈따끈한 햇볕을 쬐며 곱게도 늙어가고 있다. 순박한 모습의 농부라도 만난 듯 편안한 느낌이 든다.

공룡발자국 화석이다. 해안가 바위에 발가락이 3개로 사람의 발과 같은 모습을 하였다는 커다란 발자국이 움푹 찍혔다. 크고 작은 3종류의 공룡들이 힘차게 뛰놀던 놀이터였을 것으로 추정한다. 초식동물로 덩치가 크다고는 하지만 얼마나 힘이 강했으면 바위에 발자국을 저렇게 찍었을까 의아심이 가지 않을 수 없다. 행여 진흙에 푹푹 빠졌던 발자국이 그대로 굳어 돌이 되고 바위가 된 것은 아닌지 딴 생각에 빠져들기도 한다.

반만년 역사가 유구하다고 자랑한다. 그런데 1억 년 전 것이라니 수치상으로는 자그마치 2만 배가 넘는 차이를 지니고 있는 셈이다. 너무 까마득하여 그냥 아찔할 뿐이다. 공룡은 그때 서로 장난치며 신바람 나게 놀았는지 몰라도 나는 1억년이 지난 지금 그들의 발자국을 더듬거리며 감탄에 빠져있는 것이다. 1억년이란 공간을 사이에 두고 같은 지점에 서있는 것이다. 계산도 상상도 아득하여 자못 마음이 설레기만 하는 것이다.

남해 창선의 공룡발자국이다
쓰다듬으며 감격에 젖는다
유구한 반만 년 역사
자랑스럽기만 한데
억년 공룡의 족적을 본다
그들의 놀이터
바위는 훨씬 전 것이리라
억년의 하늘을 보며
쏴아 바다 바람을 맞고 있다.

— 공룡발자국

다시 고사리 밭을 헤집다가 바람을 펴고 앉았다. 한눈에 들어오는 풍광이 가히 일품이다. 바다 저만큼 떠있는 섬들이 울타리처럼 아늑하니 엊그제 동해바다와는 사뭇 다른 풍경을 빚어내고 있다. 섬이 있는 바다. 사람이 살고 있는 바다. 그 모습을 보고 싶어 찾아왔듯이 공룡도 바다를 좋아했을까나. 아니 저 너머 뭔가 두고 온 그리움을 그리워하고 있었던 것은 아닐까. 지각변동으로 침하되고 돌출되면서 뒤바뀌었지만 말이다.

포장도로를 걷는다. 단조로움에 햇살만 쏟아지니 짜증스럽다. 갯벌은 커다란 공설운동장 같다. 곧장 질러가지 못하고 3킬로쯤은 돌고 돌아가야 한다. 가위바위보, 주먹을 불끈 쥐고 목을 내밀었던 억새가 슬그머니 가위에서 보로 활짝 펼치고 놀리는 손동작은 반짝반짝 아름다움을 만들어 낸다. 아직 농경지가 되지 못한 방조제 바깥에 갈대는 농부의 손길이 담긴 볏논보다도 오히려 무성하니 수수모가지처럼 고개 숙이고 있었다.

♬ 2011. 09. 27.

바다가 있는 풍경 증도

섬이라고 하면 뭍에서는 흔히 볼 수 없는 좀은 특이한 환경이기에 다소 마음이 설레기도 한다. 섬으로 테마여행을 떠난다. 그것도 거의 들어본 기억조차 없는 신안군 증도라는 남쪽의 아주 작은 섬마을이다.

신안군은 유인도와 무인도를 합쳐 1004개의 섬으로 이루어져 '천사의 섬'이라 부른다. 증도도 8개의 유인도와 91개의 무인도가 포함돼 다도해의 면모를 드러낸다. 이웃에 간첩단 사건으로 낯익은 임자도다.

전남 무안군 지도읍 송도(솔섬)까지는 육로이고 지도대교를 넘고 사옥도를 거쳐 증도(曾島)다. 목포에서 50킬로미터이고 지도읍에서는 해상으로 3킬로미터 지점이다. 섬으로 가는 길, 무안은 온통 황토밭이다.

양파의 시퍼런 이파리가 밭고랑을 채우고 흙속에서 알이 굵어가고 있을 것이다. 마늘밭도 보인다. 양파나 마늘은 세찬 해풍을 맞아야 오히려 성장에 도움이 되고 품질의 우수성을 뽐낼 지역적 특산품이 된다.

섬과 섬이 연도교로 이어지고 차를 타고 넘나들기에 섬으로서 실감이 덜하다. 김양식장인 듯 물속에 늘어선 지주들도 보인다. 점점점 아니 섬섬섬. 수많은 섬을 펼쳐놓아 다도해라는 이름에 걸맞은 곳이다.

처음 도착한 곳은 「송·원대유물발굴해역」이다. 목포서 43킬로미터, 이곳 방축리에서는 2킬로미터여 떨어진 도덕도 앞바다로 중국에서 일본으로 오가던 상선이 침몰하면서 그만 갯벌바닥에 쑤셔 박힌 곳이다.

30여 년 전에 한 어부의 그물에 우연히 덜미가 잡히면서 수심 20~24미터의 조류가 세찬 곳에서 700년의 긴 잠을 깨고 모습을 드러냈다. 주로 도자기류가 주를 이루었지만 무려 2만3천여 점이 인양되었다.

「송·원대유물매장해역」은 국가지정문화재 사적 제274호로 지정까지 받았다. 하지만 바다는 다시 아무런 일도 없었던 양 입을 꾹 다물거나 시침을 뗀다. 혹은 아팠던 상처를 가리려는 듯이 출렁거릴 뿐이다.

풍랑을 만나 침몰했을 것이지만 그 당시 사람의 흔적은 간 곳 없고 오직 유물만 남아 더 빛을 발하고 있지 싶어 인생무상을 느끼게 한다. 다만 발굴하고 인양하면서 증도가 보물섬의 별칭을 얻었을 뿐이다.

바다는 맑거나 푸르질 못하고 뿌연 것이 좀은 탁해보였다. 갯바위에 굴이 덕지덕지 붙어있다. 작은 돌로 톡톡 두드려 알갱이 하나 입에 넣었다. 짭짜름한 것이 금세 혓속을 헤집고 들어와 바다가 출렁거렸다.

갯벌을 보는 순간 순천만이 떠올랐다. 그곳엔 넓디넓은 갈대밭이 있었다. 또한 넉넉히 흘러드는 민물과 함께 풍부한 먹이가 있어 철새들이 찾아드는 낙원이 되었으나 이곳은 갈매기도 좀처럼 보이지 않는다.

짱뚱어다리를 건넌다. 갯벌을 건너는 다리를 나무로 만들어 산책길을 만들었다. 그 아래 드러난 갯벌에는 많은 짱뚱어(망둥이)가 서식을 할 텐데, 지금은 제철이 아닌지 눈을 씻고 보아도 찾아보기 쉽지 않다.

작은 게들이 엉금엉금 거리고 수없는 구멍들 속에는 또 다른 생명체들이 곧 밀려올 바닷물 소리에 귀를 기울이며 기다림의 시간을 즐기고 있을 것이다. 갯벌 진흙에 빠져 시시덕거리며 머드팩을 하기도 한다.

나지막한 산자락으로 오른다. 해안선을 끼고 솔밭 산책길이다. 밧줄로 산책로를 확보하고 해당화를 줄지어 심어놓았다. 바다와 함께 저 꽃들이 필 때쯤 이 길을 걸으면 새로운 감정을 터뜨릴 수 있을 것이다.

비록 야트막한 산일망정 눈길을 조금만 돌리면 지천으로 널린 게 고사리다. 고사리 또한 섬에서 자라기를 아주 좋아하는 식물인 게다. 누구의 간섭도 싫으며 외롭지만 외롭지 않게 자생을 꿈꾸는 것이리라.

우전해수욕장에서 해변을 따라 걷노라니 자연유산인 갯벌을 이해할 수 있는 갯벌생태전시관이 있고 엘도라도리조트가 있다. 굽이굽이 이곳 또한 만만치 않은 경관을 뽐내며 여행객의 좋은 쉼터가 될 것이다.

이제 염전으로 향한다. 단일염전으로는 최대의 소금산지답게 간척지가 온통 염전(태평염전)으로 자그마치 60만평이나 되는 광활한 소금밭이다. 한 해 생산량이 1만5천 톤으로 천일염 생산량의 5%를 차지한다.

소금은 우리 생활에 필수품이다. 음식은 간이 맞지 않으면 제 맛을 낼 수 없을 뿐더러 몸에 염분은 많아도 탈이고 적어도 문제가 되어 적당량을 흡수해야만 하는데 그 기본이 소금으로 한 때는 전매품이었다.

바닷물을 증류만 시키면 소금이 되는 줄 알지만 소금밭은 무려 스물 댓 단계나 거쳐야 비로소 양질의 소금을 얻을 수 있다. 바닷물을 끌어다 끌판으로 밀며 대패질하는데 하루 한 단계 두 단계로 옮겨간다.

꼬박 20여 일은 되어야 수분은 점점 증발하고 염도는 높아진다. 염도가 25도 정도 되면 소금결정이 맺힌다. 창고에 쌓아두면 간수는 쪽 빠져나가고 소금만 남는다. 이렇게 완성된 소금은 염도 85도 정도다.

소금밭도 많이 변했다고 한다. 물을 끌어오는 수차가 없어졌다. 70년대에는 갯벌을 다져서 소금판을 만들었으나 80년대에는 깨진 옹기조각이나 사금파리로 바닥판을 댔고 여유 있는 사람은 타일을 깔았다.

지금은 모두 고무판으로 바뀌었다. 하지만 소금창고나 염수저장고는 예전과 똑같다. 변한 듯싶어도 벗어나지 못해 큰 변화가 없는 곳으로 「슬로우시티」란 이름까지 얻어 자랑스러운 브랜드를 내걸고 있다.

'바닷물 백 바가지가 한 줌 소금'이 되지만 그들은 서두르지 않고 날씨를 탓하지 않는다. 기다림과 참아내는 인내 속에서 햇볕으로 수분을 증발시켜 천일염을 만들며 바다서 노다지 금을 캐고 있는 것이다.

♬ 2010. 05. 04.

신비의 섬 울릉도

울릉도는 경사면이 가팔라 일주도로를 개설하는데 36년이 지났어도 아직 4킬로를 남겨놓고 있다. 우리나라 삼천오백여 개의 섬 중에 일곱 번째에 속하지만 인구는 고작 만 명에서 턱걸이 하고 있다.

포항에서 217km, 후포에서 159km, 동해에서 161km 거리로 만만치 않게 물결을 헤집고 가야 한다. 울릉도 동남쪽 87.4km 지점에는 동해바다의 막둥이 섬인 독도가 동도와 서도로 자리를 잡고 있다.

독도는 460만 년 전, 울릉도는 250만 년 전, 제주도가 120만 년 전에 해저 용암분출로 생성된 섬이다. 이는 독도가 비록 몸집은 아주 작아도 오히려 울릉도의 모섬이 되고 있음을 입증하는 셈이다.

독도는 처음에는 하나였으나 동도 서도를 비롯해 89개의 부속도서로 이루어졌으며 우산도 삼봉도로 불리다가 지금은 망망대해에 우뚝 솟아 있는 섬으로 외로움을 많이 탔던지 독도(獨島)라 부른다.

울릉도는 이사부가 정벌하여 신라에 귀속되었고 무릉도라 불리기도 하였다. 안용복이 일본과 담판하여 조선의 영토임을 인정받았다. 동서 10km, 남북 9.5km에 해안선이 56.5km로 둥그스름하다.

울릉도는 3무5다의 섬이라며 자랑이 대단하다. 공해가 없는 청정지역으로서 자연산만 있으며 달아날 곳 없으니 도둑이 없고 화산지대로 찬피 동물인 뱀이 없는데다 중풍환자까지 없다고 덧붙인다.

곳곳에 향나무가 많다. 돌 틈바구니를 비집고 자생하며 온갖 해풍을 시도 때도 없이 맞으면서도 칼날 같은 산자락에서 삼천 년 가까이 푸른 숨을 토하고 향기를 머금으며 특별 보호를 받고 있다.

바다에 둘러싸여 있으니 오가며 바람이 많다. 용암분출로 이루어진 섬이니 돌이 많다. 물이 많다. 좋은 물에 좋은 공기와 좋은 환경에서 살다 보니 외관보다는 피부의 탄력이 좋아 피부미인이 많다.

도둑이 없으니 대문이 필요할 리 없고 가진 것은 비록 부족해도 마음 편안하게 살아간다. 어디를 가도 뱀이나 맹수가 없다. 빗물은 화산석이 꿀꺽꿀꺽 흡수하여 속으로 안고 흐르다가 뱉어 놓는다.

도동등대가 절벽에 몸체를 드러낸다. STS 회전식(나선형) 계단은 수직으로 57m 높이다. 촛대암이 불쑥 솟아오르고 주저리주저리 배어있는 그만의 전설도 슬금슬금 눈치를 보면서 되새김질 한다.

도동항이 행정중심이라면 저동항은 어업전진기지다. 사동에 신항이 만들어지면 포항에서 오는 선박은 도동항에 묵호에서 오는 선박은 사동항에 후포에서 오는 선박은 저동항으로 분산할 모양이다.

먹을거리는 아무래도 어선이 많은 저동항이 낫지 않을까 싶다. 이제 해안선이 아주 험악하여 유일하게 개발을 못한 구간이다. 그 앞쪽으로 죽도가 펑퍼짐하게 떠있다. 그 너머로 관음도도 들어온다.

저동천을 따라 산자락을 오른다. 아름드리 삼나무가 빼곡하게 들어섰다. 바람구멍〔風穴〕이다. 땅 밑으로 흐르는 지하수의 찬 공기가 바위틈으로 용출되어 내부 온도는 항상 섭씨 4도c를 유지한다.

겨울에는 따뜻하고 여름에는 아주 시원하게 느껴진다. 늠름한 말잔등 능선이 보이고 그 아래로 내려와 봉래폭포다. 나리분지에 배어든 물이 계곡을 타고 폭포를 만들며 저동과 도동의 식수원이 된다.

다시 도동항으로 향한다. 좁은 바닥에 고깃배도 별로 없이 좌판을 벌린 노부는 잡고기 몇 마리를 고무다라에 담아놓고 기웃거리는 관광객의 발길과 보이지 않는 실랑이에 저물어 어둠이 내려앉는다.

다시 날이 밝았다. 우안도로를 타고 관광 겸 등산길에 나섰다. 울릉도 하면 오징어인데 또 하나 호박엿이 있다. 공장은 초라한 수공업 규모를 벗어나지 못했다. 엿뿐만 아니라 과자도 시식을 해본다.

울릉도에서 유일하게 모래를 볼 수 있는 사동항을 지난다. 한참 공사 중이다. 몇 년 전 태풍에 도로가 유실되어 다시 시공했다. 통구미몽돌해변을 지나 거북바위다. 한 점 살점 없는 갈비뼈 바위다.

그래도 거기에 몸을 부비며 생명을 싹틔우고 목숨을 이어가는 잡풀이나 나무의 끈질긴 생명력은 감탄과 경외감을 자아내게 한다. 얼굴바위, 남근바위, 사자바위, 투구봉을 구수한 해설로 담아낸다.

햇볕이 가장 잘 든다는 남양이다. 방파제에 4개의 발이 달린 테트라포트(TTP)가 설치되어 있다. 일명 삼발이라 하는데 얼마나 바람이 세찼으면 무려 30~50t이나 되는 구조물이 날아갔을까 싶다.

울릉도에서 유일하게 물이 고이는 웅덩이 같은 작은 저수지까지 자랑스러운 관광자원으로 활용을 한다. 가파른 기슭엔 모노레일을 설치하여 재배한 나물을 실어 나르는데 한 몫을 톡톡히 하고 있다.

천연기념물인 흑비둘기가 있고 특별한 대접을 받는 후박나무에 하얗게 꽃이 피었다가 가을에 빨간 열매로 익어 피를 맑게 할 만큼 한약재로 쓰인다는 마가목이 도로변까지 내려와 길손을 맞고 있다.

산악뿐인 지형적 상황 때문인가 죽으면 뗏목에 실려 불길과 함께 떠나보내는 화장문화가 일찍이 정착되었던 터라 북방식으로 봉분이 갸름하거나 돌로 덤불을 쌓아놓은 돌무덤이 눈길을 끌기도 한다.

12굽이를 넘어서 현포다. 바다가 푸르다 못해 검게 보인다. 3,500미터 바다 속에서 물을 뽑아 올리는 해양심층수공장도 세워졌다. 성인봉(986m)은 동해바다 수중에 솟아난 화산의 정상부에 해당한다.

해저와 성인봉과는 자그마치 4,500여m나 차이가 난다. 거대한 높이의 산이었지 싶기도 하다. 식물원 예림원을 지나고 한눈에 보기에도 코끼리바위(공암)다. 대표적 주상절리를 이루는 곳이기도 하다.

송곳봉에 용출소 수력발전소를 지나 송곳산 미륵봉 아래 성불사에서 잠시 숨을 고른다. 천부에서 산자락을 타고 올라 나리분지다. 동서 1.5km 남북 2.0km로 60만 평의 울릉도 유일한 평지인 분지다.

분화구가 메워져 밭이 되었고 마을이 형성된 곳이다. 여기서는 섬이라는 느낌마저 잊을 만큼 숲속에 둘러싸여 아늑하다. 이곳에서 물이 고여 각지로 흘러들었다가 용출되면서 풍부한 물을 토해놓는다.

나리분지는 더덕을 많이 재배한다. 그러나 향이 없다. 하지만 사포닌 성분만큼은 뒤지지 않는다. 병충해가 없으니 내성이 필요없고 자신을 보호하기 위한 독특한 향기조차 필요로 하지 않기 때문이다.

산마늘인 명이나물, 삼나물, 고가의 고비가 인기를 끌고 있다. 흔한 것은 부짓갱이나물이다. 울릉국화섬백리향과 우산고로쇠나무가 즐비하다. 동백나무가 보이는데 야생을 할 수 있는 여건이 되나보다.

개척민이 나리의 뿌리를 캐먹으며 살았대서 얻어진 나리분지다. 그들이 억새풀로 지붕과 벽을 둘러치고 기거했던 투막집과 굴피나무 상수리나무 등의 너와로 지붕이 얹어진 너와집(귀틀집)도 있다.

평지를 산책하듯이 걸어 신령수 약수에서 목을 축이고 나무계단을 밟고 땀을 흥건하게 흘리며 빽적지근하게 올라야 등성이다. 계곡에는 아직 눈이 남아 있다. 천연기념물 189호 성인봉 원시림이다.

성인봉(聖人峰) 정상에 우뚝 섰다. 조망을 한다. 움푹 파인 나리분지를 둘러싼 산줄기가 아름답게 곡선을 그린다. 바다 너머 저 너머에 독도가 둥실 떠서 울릉의 품이 그리워 징징거리는 것은 아닌지.

독도야 외로워 마라. 오천 만 아니 칠천 만 온 국민이 오늘도 널 부르며 사랑하고 있단다. 왜놈의 협박이나 감언이설에 현혹되거나 두려워하지 마라. 너는 조선의 피가 철철 흐르는 대한의 적자이니라.

성인봉에 올랐으니 잠시라도 聖人이 된 기분이지만 이제 하산이다. 울릉이란 말이 실감나도록 울울창창하다. 가을에는 곱게 물들어 빼어난 단풍을 내어놓을 것이고 그 고운 빛깔에 취하게 할 것이다.

약수공원에서 탄산약수를 들이켜고 케이블카로 전망대를 올랐다. 협소한 골짜기에 옹기종기 모여 있는 모습이 앙증스럽다. 울릉도는 낯설지 않다. 우리 땅으로 우리 선조들이 살아왔기 때문일 것이다.

♬ 2010. 05. 15 ~ 16.

한라 어리목서 영실로

하선을 하여 주차장으로 나오니 14시 20분이다. 어리목에서 등산을 시작하려면 늦어도 15시까지는 도착하여야 한단다. 한두 명이 꾸물거리다보니 또 10분이 훌쩍 지나가고 15시 20분경에 겨우 도착하였다.

골난 시어머니 얼굴만큼이나 하늘은 잔뜩 찌푸렸다. 한라산 산자락을 구름이 가득 에워싸고 간간이 내리던 가랑비에 등산을 할 수 있을까 망설여지며 우의를 준비하며 입구에 섰다. 까악~, 까치가 소리친다.

시간이 조금 지났지만 아무렇지 않게 입장을 시킨다. 비도 멎고 순순히 길을 열어준다. 우르르 몰려들어 산자락으로 달려든다. 시간이 가면서 서서히 교통정리가 되듯이 선후가 결정되고 질서가 유지된다.

눅눅하니 긴 숲을 빠져나가 사제비동산에 들어선다. 앞이 탁 트이며 비로소 제주도 한라산의 진풍경이 연출된다. 난쟁이대나무밭에 간간이 화산석이 박혀 분위기를 잡고 큼직한 수반의 꽃

같은 철쭉이다.

난쟁이대나무는 한라산 어디를 가나 터줏대감으로 자리를 잡았다. 가장자리에 누렇게 테를 두르고 그 안으로 초록빛을 띠고 있으니 생동감을 더해준다. 멀리서 바라보면 마치 잔디밭을 연상하게 한다.

만세동산에 올라선다. 조면암(밝은 빛의 화산암)에 돔형처럼 불쑥 일어선 한라산 정상(1950m)의 서봉이 마음 설레게 한다. 대정쪽에서 산방산을 바라보는 것 같기도 하다. 안쪽에 백록담이 있으리라.

습지를 지나고 콸콸 쏟아지는 물을 한 구기 들이킨다. 입안이 알알하도록 시원한 빙수다. 손을 담그면 금세 시리다. 다음 주에 철쭉제가 벌어진다. 작년에 왔을 때는 제법 볼만한 꽃밭이었는데 아니다.

아래쪽은 성급하게 피었지만 꽃망울조차 만들지 못했거나 부풀어 오르질 못한 것들이 많다. 해마다 조금씩 달라 아직은 철쭉을 보기에 너무 이른 감이 있다. 윤5월 앞두고 계절이 게으름 피우나 보다.

하늘은 맑아지고 조망도 좋다. 오늘 산행의 정상이랄 1700고지인 윗세오름까지 1시간 10분이 경과했다. 선두로 올랐으니 여기서 일행을 기다린다. 지난해 공사하던 휴게소가 산뜻하게 정비되어 있다.

지금은 휴식년제로 입산통제하고 있지만 저쪽에 말 잔등 같은 능선을 타고 서봉에 오르는 길목이 드러난다. 조금 있으려니 땀이 마르고 바람이 제법 세차게 느껴지며 선뜩선뜩해져 겉옷을 꺼내 입는다.

바다에 회색빛 갈매기가 있다면 이곳에는 갈매기만큼이나 큰 까마귀가 있다. 오골계 같아 보이기도 한다. 온통 그들의 천국이다. 떼를 지어 난무하며 고래고래 소리를 질러대는 것이 마치 순찰대 같다.

못마땅하다 싶으면 저공비행에 배설물 공격을 하기도 한다. 그들이 얌전하게 모여 던져주는 과자를 자연스럽게 받아먹고 있다. 그렇게 그들도 야성을 조금씩 잃어가며 은연중 길들여지고 있는지 모른다.

되돌아보니 "까악 깍~," 내지르는 울음소리는 그냥 울음소리가 아니었다. "와줘서 반갑다니까." 인사였고, 오늘 산행은 괜찮으니 "염려 말라니까." 위안이었고 "그럼, 잘 다녀오라니까." 격려였나 보다.

오비이락(烏飛梨落)이 공교롭게도 같은 때에 좋지 않은 일이 벌어지면서 의심을 받고 생각지 못한 곤경에 빠지는 억울한 경우라면 반포지효(反哺之孝)는 부모님 공양에 성심껏 보은을 하는 모습이다.

어미가 늙어 제대로 움직이지 못하고 기력이 쇠하면 새끼였을 때의 은혜를 갚고자 먹이를 잡아 어미 봉양하는 까마귀를 일컬음이니 요즘처럼 금수만도 못한 사람들에게 효도의 가르침이 될 것이다.

까마귀는 선입감에 피비린내 나는 전쟁터에서 시체나 파먹고 온통 시커먼 몸집에 그 모습만 봐도 불길함을 떠오르지만 그것은 유독 우리만 갖는 편견으로 오히려 까치보다 길조로 여기는 나라가 많다.

고양이 한 마리가 그들 속에 섞여 특유의 눈동자만을 굴리며 지켜보고 있다. 꿩이 나타났다. 장끼 두 마리가 꽁지를 쳐들고 서로 눈을 부라린다. 가까이 다가가니 무안한지 까투리 한 마리가 달아난다.

더 이상 다툴 의미가 없어진 수컷들은 슬그머니 자리를 피한다. 빠른 발걸음으로 가다가 우뚝 멎는다. 한참을 지나도 기척이 없자, "꿩꿩~" 까투리를 찾고 있다. "자기야, 지금 어디니? 나 여기 있거든."

저 너머 백록담은 또 다른 길, 내일로 미룬다. 몇 장 기념촬영하고 휴게소 건물 위쪽에 평지를 걷는다. 오늘의 모노레일은 침묵뿐으로 가동을 않는다. 이쪽에 햇살이 따스한지 제법 철쭉꽃을 볼 수 있다.

'노루샘'이다. 야생노루가 찾아와 목을 축인다는 곳이다. 둘레둘레 휘둘러본다. 정말 노루 몇 마리가 풀숲에서 노닌다. 이곳이 일명 '천상의 정원'이다. 진시황이 애타게 찾았다던 '시로미'가 서식한다.

'시로미'는 일본 북해도와 우리나라 한라산에서 서식한다는 불로초다. 앵두 알만한 크기의 붉은 열매로 그 효력은 굳이 따질 필요가 없다. 그런 이름을 얻은 것만으로도 충분한 약효가 있지 않을까 싶다.

구상나무 숲을 지난다. 이따금 고사목들을 바라보며 무상함을 느끼기도 한다. 병풍바위 위에 섰다. 갑자기 발밑이 푹 꺼져 내린 절벽이다. 저 아래로 펼쳐진 너른 평원은 마치 목초지와도 같아 보인다.

저 멀리까지 까마득하도록 펼쳐지는 넓고 넓은 광활한 벌판이다. 휘이익 바람이 몰려가고 몰려오고 출렁인다. 휘감았던 구름이 걷히며 열리는 경이로운 풍경으로 아련한 꿈결 같은 희망이 넘실거린다.

좀 더 가까이 다가갈 수는 없어도 이렇게 바라볼 수 있는 것만으로 가슴 뿌듯이 차오르는 행복이다. 말이 뛰고 소가 풀을 뜯는다. 사슴이 뛰고 노루고 노닌다. 까마귀가 날고 내 마음도 달음질친다.

새로운 세상을 바라보고 있지 싶은 착각의 늪이다. 저 아래가 산신령들이 살았다는 영실이고 보면 또 그만한 풍경은 너무나 당연한지도 모른다. 머뭇거리면 안 된다. 도전한 자만이 누릴 수 있는 거다.

풋풋한 신록은 계곡을 타고 내려와 바다를 이루고 키가 작은 철쭉꽃은 꽃잔디와도 같다. 영실기암에 5백 나한상을 만들고 그 속에 신선처럼 수백 년 붉은 소나무들이 거북등에 아름다운 숲을 만들었다.

사람의 마음은 알 수 없다지만 산속의 날씨 또한 속단할 수 없다. 구름에 비까지 걱정하였는데 활짝 갠 하늘 아래 펼쳐진 푸른 오월의 파노라마는 시원하게 밀어준 바람과 함께 감탄을 자아내게 했다.

♬ 2009. 05. 23.

초겨울 강화도 엿보기

12월에 접어들며 날씨가 돌변하여 요동을 친다. 강원 산간에는 나흘 동안 1m에 가까운 폭설로 기록을 세웠는가 하면 다른 지방은 비가 내리면서 영하권으로 급강하하며 추위가 달라붙어 떨게 했다. 11월과 12월을 차별화하고 가을과 겨울이 다름을 분명히 하며 각인시키려는 것이지 싶다. 늦더위에 가을을 만끽하다가 갑작스럽게 겨울 속 깊숙이 접어든 것이다.

강화도로 들어가는 강화대교에 이어 두 번째 길목인 초지대교를 넘어 초지진에서 내렸다. 대뜸 써늘한 바닷바람이 스며든다. 초지진은 우리나라의 수군진지 중 하나로 프랑스의 극동함대가 천주교 탄압을 구실로 침입하였던 병인양요와 미국의 아세아함대가 통상을 강요하며 내침하였던 신미양요 그리고 일본군함 운양호가 쳐들어와 치열하게 싸웠던 격전지다.

그때의 포탄자국이 아직껏 남아있다. 국운을 걸고 치열했던 전투는 결코 평탄치가 않았음을 외과수술까지 받은 늙은 소나무 두 그루가 울퉁불퉁한 몸집의 종군기자처럼 생생했던 그 현장을 이제는 역사의 한 장면으로 증언하고 있지 싶었다. 갯벌은 시커멓다. 고깃배 몇 척 떠있고 갈매기 대신 오리떼가 노닌다. 여기서 멀지 않을 북쪽 하늘을 한참 바라본다.

강화도는 본래 평화의 땅이었다. 단군이 하늘에 제를 올리던 참성단이 있다. 지금은 이곳에서 전국체전 성화의 불길을 채화하고 있다. 섬마을 처녀의 수줍은 모습에 얼굴 붉히던 총각선생님의 교육열도 있었다. 강화도령이 농사를 짓고 나뭇짐 지던 시골 청년에서 철종임금이 되기도 했다. 국난을 당하면 안전한 피난지가 되고 사고를 설치 역사보관지 역할을 했다.

호국불교 근본도량으로 서기 381년 고구려 소수림왕 11년에 창건된 것으로 전해지는 전등사와 전등사보다 300여 년 후에 세워진 보문사 및 정수사가 있다. 그러나 끝내는 수많은 사람들의 귀양지가 되기도 했다. 남북이 대치하는 가운데 바로 머리맡이 북한으로 긴장의 끈을 놓을 수 없는 땅이 되었고 여름철 수해 때는 임진강을 타고 목함지뢰까지 떠내려 왔다.

이처럼 강화도는 우리 역사가 살아있는 박물관이다. 수도권으로 이어진 국토의 허리통에 해당하는 중심부의 들머리 날머리로 서해바다로 나가는 관문인 요새지다. 저기가 임진강으로 오늘도 열심히 흘러들고 바닷물이 빠지면 황해도 지방까지 걸어서 다니기도 했다고 한다. 주민은 강화인삼을 가꾸고 강화화문석을 만들어 냈다. 소금밭을 일구고 강화순무를 생산했다.

갈대밭이 흔들린다. 마치 아군 수군초소에 초병이 보초를 서고 있는 것이 아닌가 싶다. 총구가 빠끔하게 보이고 바람을 타고 탄약냄새도 묻어나지 싶다. 아니다 그럴 리가 없다. 하늘을 올려다

보라. 저 간척지를 보라. 자연의 보고인 갯벌을 보라. 구름과 새와 바람만은 남북의 대치 속에도 눈치 보지 않고 자유롭게 남북을 오가고 있으니 얼마나 한가롭고 평화로운가.

정수사 주차장에서 시작된 산행은 어느덧 능선을 타고 올랐다. 능선에는 큼직큼직한 화강암 돌덩이들이 성곽이라도 쌓으려는 듯 잘 다듬어져 즐비하게 늘어섰다. 돌을 안고 돌며 사방팔방을 좀은 쌀쌀한 바람과 함께 바라보고 즐기는 맛이 제법 쏠쏠하다. 바다에는 해무가 있어 섬들이 다소 흐릿하다. 그래도 안내판을 들여다보며 여기저기 가늠해보노라면 감이 잡힌다.

최근에 잘 정비된 참성단에 오른다. 사방을 작은 성곽처럼 담을 쌓아 성역화 해놓았다. 여기가 단군께서 하늘에 제를 올렸다는 곳이다. 최근에는 칠 선녀가 너울너울 춤을 추며 성화를 채화하는 곳이다. 정말 발 디딜 틈 없이 사람이 북적거린다. 오른쪽 담장에 일곱 줄기 소사나무가 150여 년을 하루같이 지켜본다. 아니 이곳에서 청지기 노릇을 하고 있는 것일 게다.

마니산은 강화에서 으뜸이다. 그래서 본래는 두악(頭嶽)이고 머리산이었으며 마리산이 되었다가 지금의 마니산이 되었다. 일찍이 단군께서 점지한 산이었으니 비록 섬에 있는 야트막한 산이지만 민족의 영산이 되었다. 돌아 나와 능선을 타고 하산하려니 까마귀가 따라오며 짖어댄다. 그래 오늘 잘 찾아왔다고 딴에 격려라도 하려는가 보다. 저 아래로 석모도가 보인다.

♬ 2011. 11. 04.

안면도 꽂지해변길

서산을 지나고 태안을 지나 활짝 펼쳐진 바다 몽산포다. 조금은 쌀쌀하다. 방파제 위에서 바라보는 바다는 비릿한 냄새가 올라오기도 하지만 우선 탁 트여 시원하니 좋다. 어부가 그물을 손질하고 있다. 갓 바다에서 돌아왔나 보다. 우럭 새끼 같은 작은 고기들을 떼어낸다. 소득은 별로 신통치 않지만 다음을 준비하려면 그물을 털어내고 뒷손마무리를 하여야 한다.

오늘은 모래밭과 연신 출렁거리는 바다와 바람과 함께 걸어야 한다. 마음을 저들에게 풀어놓고 방목한다. 그래 바닷물이 되어 마음껏 출렁거려 보렴. 수많은 모래 중 하나가 되어 그들 속에 묻혀 보렴. 짭짜름한 바람이 되어 고작 푸나무나 괴롭히며 흔들지 말고 거칠 것 없이 빈 공간을 달음질쳐 보렴. 닫힌 마음 열고 덕지덕지 먼지 낀 것 같은 마음 후련해져 보렴.

여름 해변은 더위를 씻어준다. 그러나 초겨울 해변은 다소 쌀랑하게 다가와도 마음을 씻어준다. 대수롭지 않게 놓치거나 미처 몰랐던 것들이 새로운 느낌으로 일어선다. 산과 바다는 사뭇 다르다. 바닷길은 산길과는 또 다르다. 요산요수(樂山樂水)이니 인자요산(仁者樂山)으로 어진 사람은 산을 좋아하고 지자요수(智者樂水)로 슬기로운 사람은 물을 좋아한다고 했다.

해변으로 내려선다. 바닥에 돌들이 많이 박혀 있다. 울퉁불퉁하고 크고 작은 돌들이 솟아 마치 어느 멋들어진 지상의 한 단면을 축소해 놓은 조형물 같다. 그 속에 산이 있고 계곡이 있고 들이 있고 강이 있다. 징검징검 밟으며 간다. 물 빠진 바위에는 굴이며 조개류가 닥지닥지 붙어있다. 접착제보다 더 단단하게 붙어 돌의 일부처럼 그냥은 떨어질 것 같지 않다.

수없이 몰아치는 파도에 살아남으려니 저렇게 부둥켜안지 않고는 하루 한 시간도 견뎌내지 못하리라. 우선 제 몸을 잘 간수하여야 살 길을 모색할 것이다. 할머니 한 분이 추위를 이기며 굴을 따고 있다. 하나하나 쪼아 굴만 주워 담는다. 티끌 모아 태산이란 말처럼 한 사발쯤은 되지 싶다. 돌을 하나 집어 바위에 굴을 깨뜨려 입어 넣어본다. 뭉클하니 짭짤하다.

이제 돌밭을 지나 모래밭이다. 물을 먹은 모래는 아주 단단하다. 마치 농경지 밭이랑처럼 골이 파여 있다. 어찌 저리 일정한 간격으로 주름을 잡았을 까 싶기도 하다. 참으로 오묘하다. 물이 그냥 빠져 나가는 것이 아니다. 크고 작은 세상사 골을 만들고 있는 것이다. 그 안에 빵 뚫린 구멍도 있고 개미가 흙을 파서 성을 쌓듯 파낸 흙을 뒤집어쓰고 그 속에 있나 보다.

그 구멍 속에 무엇이 들어 있을까 괜스레 궁금하지만 그냥 지나친다. 조개껍질이 밀려와 너부러져 있다. 썰물에서 밀물이다. 저들은 본능적이고도 감각적으로 언제쯤 여기까지 물이 들어올지를 잘 알기에 지금쯤 귀를 열어 놓고 뛰쳐나올 준비를 하고 있을 것이다. 때문인가 이따금 조개가 입을 열고 혀를 내민다. 얼른 주워드니 죽은 양 입 꾹 다물고 시침을 뗀다.

아침 일찍이 누군가 다녀갔나 보다. 모랫바닥에 나름대로 낙서하고 편지도 써놓았다. 부치지 못할 편지, 직접 전할 수 없는 이야기, 곁에 두고 좀은 쑥스러운 이야기도 있으리라. 하트도 그려져 있고 누구를 좋아한다는 글귀도 보인다. 나도 하트를 만들고 그 안에 한 움큼의 조개를 내려놓았다. 다시는 잡히지 말고 잘 살라고 등 떠밀듯이 몇 마디 중얼거려 보았다.

불과 몇 해 전 기름띠로 엉망이 되었던 바다인데 그래도 이만큼 되살아나 건강해졌지 싶다. 모래성을 쌓았던 수많은 생명체의 집들도 수많은 사람들이 적어 놓은 숱한 이야기들도 물이 들어오면 한순간에 핥아버리고 아무 일도 없었던 양 지워질 것이다. 하지만 그런저런 속사정을 어딘가에는 전하며 이야기하는데 우린 그냥 단순한 파도소리로만 듣는 것은 아닐까나.

물결이 숨차게 달려오며 비밀문서라도 파쇄 시킨 듯 하얗게 쏟아놓고는 빠져나가고 다시 달려오기를 반복한다. 누가 보낸 밀사인가. 뭔가를 토로하지 싶은데 도통 알아들을 수 없는 하나의 절규요 괴성이다. 아무리 바라보고 들어보아도 해법이 따로 없다. 저 의미를 깨달을 수 있는 여력이 나에게는 없어 한낱 파도일 뿐이란 마음으로 슬그머니 넘길 수밖에 없다.

야생마의 거친 숨소리거나 파발마의 숨 가쁜 말발굽소리가 철썩철썩 거리다 주저앉으며 물이 튀어 올라도 해변에 소나무들은 동요하지 않는다. 시도 때도 없이 보았기에 시큰둥해져나 보다.

해변으로 가자. 그것도 초겨울 서해안으로 가보자. 오랫동안 세찬 바람을 안고 살았기에 그들은 바다의 속성을 꿰뚫고 있어 초연하니 햇볕을 쬐며 푸른 숨소리를 고르고 있다.

하지만 사구는 연신 무너져 내리고 있다. 대나무를 엮어 지그재그 울타리를 세우기도 하고 콘크리트 벽을 치기도 하였지만 일시 방편일 뿐이다. 나무를 심고 풀씨를 뿌려도 본다. 세상은 변한다. 변하고 있다. 해변도 바뀔 수밖에 없다. 다만 어떻게 보존관리하느냐의 문제이다. 바다는 출렁거리면서 쓰레기며 조개껍질 같은 것을 걸러내어 바깥으로 밀쳐내고 있다.

바닷물이 스며들면서 바닥이 뭉클뭉클 가라앉는 느낌이다. 물에 잠긴 모래, 물기에 젖은 모래, 아예 뽀송뽀송한 모래는 그 감촉이 사뭇 다르다. 모랫바닥을 걷다보니 청포대해변을 지나고 산으로 올라가야 하는데 해변길에서 마검포까지 갔다. 육로로 서산염전을 지난다. 진흙마당에 물을 가둬 증발시키며 마지막 단계인 타일바닥에서 바다의 보석 소금을 얻는다.

드르니항이다. 지금껏 솔모랫길을 온 셈이다. 건너편이 백사장항이나 건널목다리 공사 중으로 눈앞에 두고 우회하여야 한다. 안면도 섬으로 걸어가는 길은 오직 안면대교뿐이다. 조그만 모래톱 섬에 갈매기가 온통 뒤덮다시피 하고 고깃배가 들어오기를 기다리나 보다. 그들이 어지럽게 날아들면 항구는 부산해진다. 대교를 넘어서 차들이 씽씽거리는 국도를 걷는다.

백사장삼거리를 거쳐 해변에 들어섰다. 다시 만나 넘실거리는 바다가 반갑다. 제대로 해변길을 걸을 수 있는 것이다. 이어진 삼봉해변은 소나무숲이 일품이다. 우거진 숲속에 널찍한 도로를 혼자서 걸어간다. 아늑하니 고요하여 생각에 잠기는데 새소리가 멜로디로 울려 퍼진다. 어깨 너머로는 시퍼런 바닷물이 달려들 듯 한다. 숲을 빠져나와 기지포 해수욕장이다.

데크로 연결된 해변길 전망대 노을길이다. 조금은 시간이 이른 듯싶지만 서쪽 하늘에 태양을 무심코 바라본다. 백사장이 있고 푸른 바다가 있고 고깃배에 저만큼 작은 섬이 있고 끝을 모를 저 멀리 수평선도 그었다. 그 위에서 뉘엿뉘엿 붉은 햇살을 내려놓는다. 불과 몇 달 전에는 사람들로 붐볐을 테지만 지금은 텅 비었다. 하지만 어디선가 함성이 들려오지 싶다.

바다로 내려선다. 콩가루처럼 아주 미세한 곱디고운 모래밭이다. 좀 더 물 가까이 축축한 모래밭이 걷기에 수월하다. 한동안 바다를 만끽한다. 냇물처럼 흘러드는 물줄기가 가로막고 있다. 이미 물이 들어차서 돌아가야 한다. 다시 뽀송한 모래밭으로 발이 푹푹 빠진다. 눈밭에서나 빠지는 줄 알았는데 돌아본 발길은 내 삶을 보여주는 것인가 삐쭉 빼쭉 엉망이다.

바다는 저리 넓어도 모두 끌어안는데
내 마음 넓어지지 않는다
바다는 연신 출렁출렁 맑아지는데
내 마음은 맑지를 못하다
모래는 수없이 모여 백사장을 만들고
내 맘은 자꾸 흐트러진다
바다는 확 트여 바람 오고 가는데
내 마음은 닫혀서 고깝다
난 아무래도 바다가 될 수 없는 거다.

— 난 바다가 될 수 없다

시계는 이미 오후 세시를 넘어섰다. 장장 다섯 시간을 걸어왔다. 20여 킬로는 되었지 싶지만 꽂지해변까지는 아직 멀다. 고작 한나절도 못 걸은 나는 이미 힘겨워하지만 지칠 줄 모르는 바다는 더 기세를 부리지 싶다. 그래 저런 패기로 넘치는 바다가 그립고 부러운 것이다. 오른쪽에 바다를 끼고 걸어도 바다가 그리워서 슬그머니 바라보고 또 바라보는 것이리라.

처음엔 비릿한 바다냄새였다

. 그러나 그도 잠시뿐 곧 자연스럽게 젖어들어 아무렇지 않다. 마취된 것인지 동화된 것인지는 중요하지 않다. 종일토록 바닷가를 거닐었으니 옷자락이나 몸뚱이에 염분이 배어들고 바다가 묻고 바람의 잔해가 남아있을 지도 모른다. 이대로 돌아가면 누군가는 내 얼굴 나의 하루를 넌지시 훔쳐보고 킁킁대며 바다냄새를 맡을지 모른다.

하지만 그냥 그대로 하루쯤은 아니 일주일쯤 바다냄새가 배어있어도 괜찮지 싶기도 하다. 훌훌 털어도 냉큼 털어지지 않고 빗물에 씻어도 쉽게 씻기지 않을 옷자락이 아닌 은밀한 마음속에 말이다. 눈을 감아도 너울거리는 바다가 밀려오고 밀려간다. 그 속에 또 다른 살아가는 진한 이야기가 담겨있다. 그래야 오늘 하루치 제몫을 챙길 수 있지 싶기도 하다.

♬ 2011. 12. 06.

사량도의 가을 끝자락

가을을 쫓아다니다 보니 남해바다까지 왔다. 삼천포에서 한려수도 뱃길을 따라 간다. 가을이 바다로 밀려들어 짧은 가을해가 힘을 잃었다. 섬을 헤집듯 사이사이 돌아간다. 바닷바람이 좀은 싸늘하다. 바다도 가을은 지고 겨울을 준비하고 있다. 어부의 손길이 머뭇댄다.

남쪽바다 섬에 일찍 상륙한 봄은 다도해를 타고 넘어 반도의 육지로 상륙했지만 이제 북쪽에서 밀고 내려온 가을은 거꾸로 남쪽바다로 밀리다 더러는 바다를 건너지 못해 그대로 익사하고 만 것일까. 바다의 표정도 그리 밝지만은 않고 어딘가 애수가 서려 있지 싶다.

그간 파란 하늘이었는데 구름이 많다. 그러나 바다는 여전히 시퍼렇다. 바다는 하얀 이빨을 드러내놓고 깔깔거리는 것 같다. 가을에 연연하거나 미련일랑 버리라고 하는 것 같다. 가을은 지고 겨울로 갈아타고 있다. 그래 겨울이면 어떠랴, 또 다른 매력이 있지 않는가.

뜬금없이 가을의 끝자락이 궁금해져 남해바다로 떠나왔다. 다도해 한려수도를 뱃길 따라 돌면서 사랑도에 가보고 싶다. 자꾸만 남쪽으로 밀려가던 가을이 풍덩풍덩 미처 빠져나가지를 못하고 물장구라도 치고 있는지 보고 싶다. 한 구석 은근슬쩍 섬이 그립기도 하다.

바다는 배에게 길을 내주면 물론 염분 때문이겠지만 상처처럼 허옇게 드러냈다가 스스로 아문다. 시퍼런 바다의 속살이 저리 하얗던가 싶다. 바다는 잠시도 가만히 있지 않고 출렁거리면서 수많은 생명을 거느린 품안에 기를 불어넣으며 채찍질이라도 하는 것인가 싶다.

쉰 목소리의 갈매기 몇 마리가 낮게 난다. 비가 내리고 추워진다는 일기예보를 어디서 주워들은 것인가. 머잖아 혹독한 겨울이 올 것을 감지하였을지도 모른다. 그러나 섬은 말이 없다. 묵묵히 떠날 곳도 떠날 수도 없어 바다와 함께 모든 풍파를 견디며 이겨내야 한다.

사량도는 삼천포에서 뱃길 따라 40분쯤 거리다. 아주 의좋은 형제처럼 윗섬과 아랫섬이 늘 마주보고 있다. 그 사이를 흐르는 바다는 아늑한 호수와도 같다. 작은 섬들까지 한 몫을 거들며 시퍼렇고 고운 물결의 조화는 한려수도의 아름다운 환상이 저절로 배어나오지 싶다.

지리산 불모산(달이봉) 가마봉 옥녀봉으로 이어지는 종주 등산길은 오랜 세월 비바람에 깎인 암릉이면서 푸석거리는 돌이 많다. 섬이 작다 보니 어디서든 바다가 보이며 한결 낭만적이다. 지리산 정상에 오르면 사면이 바다로 섬 가운데 우뚝 서있는 기분이 들기도 한다.

산줄기를 굽이굽이 돌면서 계곡 쪽 포구에는 어촌마을이 옹기종기 들어서고 바다와 산과 함께 빚어내는 풍경은 가히 그림 속으로 빠져들고 있지 싶다. 조용하고 아늑한 바다에서 수많은 양식장이 들어온다. 잡기만 하던 어업에서 뿌리고 가꾸며 경영하는 어업이 되었다.

움켜쥐기에도 버겁도록 굵은 밧줄을 잡고 가마봉에 오른다. 강물이 흐르는 것처럼 곱디고운 물결 너머에 하도(下島)다. 굽이치는 물결이 뱀을 닮아서 사량도라 한다지. 연도교를 놓아 상하도가 자유롭게 왕래하며 화합하면 좋겠다 싶었는데 실제로 추진되고 있는 모양이다.

잠시 간식을 먹는 사이 시커먼 갈매기 같은 까마귀 십여 마리가 운무를 추는가 싶더니 가까이 다가서며 깍깍거린다. 여기는 가마봉이 아닌 저희들 영역 까마귀봉이니 그만 떠나라고 하지 싶다. 먹다 흘린 음식 찌꺼기나 과일 부스러기를 빨리 챙기려는 속셈인 것이다.

수직에 가까운 철계단을 내려가는 것도 쉽지가 않다. 다시 밧줄을 잡고 향봉(탄금바위)에 오른다. 내림길은 절벽으로 그네처럼 생긴 출렁대는 사다리를 타고 내려가야 한다. 내려다보는 것조차 아찔하다. 등짝에 땀이 흐르도록 밧줄을 꽉 잡고 한 발 한 발 내려놓는다.

바닥에 발이 닿는 순간 비로소 안도의 숨소리를 내뱉는다. 참으로 짜릿하다. 그래, 오늘 최고의 순간이었어. 조여오던 마음은 한순간에 풀어지고 대견함만 남는다. 이런 과정에 이런 느낌이 오래 남아 사량도 등산에 매력을 느끼고 사람들이 몰려드는 것이기도 하리라.

벽면의 계단을 타고 돌아 옥녀봉이다. 비운의 옥녀, 한 많은 삶에 얽힌 사연을 들은 사람들이 동정어린 마음에서 비록 부스러기 돌일망정 하나둘 쌓아올린 것일까. 부스스한 돌탑이 웅크리고 있다. 저 아래로 섬 일주도로가 아름답게 드러나고 대항이 기다리고 있다.

사량도는 이른 봄에 진달래 꽃맞이로 사람들이 몰려드는 곳이다. 그런데 지금이 진달래 철이 되었다. 포기마다 활짝 피어 능선에 줄을 서고 붉게 물들이고 있다. 청미래덩굴도 잎이 반질거리고 찔레이파리는 새순처럼 청순하다. 동백꽃도 피어났으니 가을 속에 봄이다.

저렇게 계절이 느긋한 듯싶지만 너른 바다 한가운데 작은 섬이기에 크게 바람이라도 몰아치면 아무리 발버둥을 쳐도 자신의 의사와는 관계없이 하루아침에 돌변하여 겨울의 문턱으로 성큼 들어설 것이다. 때문에 섬사람들은 이미 가을 갈무리로 바쁜 일과를 맞고 있다.

♬ 2011. 11. 17.

거제도 늦가을 지우기

지난주에 통영 앞바다의 사량도에 다녀왔다. 가을의 끝자락을 확인하고 싶어서 갔었으나 생각과는 달리 능선에까지 진달래가 줄줄이 피는 가을 속 봄날 같았다. 그날 밤부터 비가 내리고 추위가 밀려왔다. 제주도는 기상관측 이래 11월의 비로는 가장 많이 내렸다고 했다. 기온은 급강하 하여 전국이 영하권으로 접어들고 금년 들어 가장 춥다고 했다.

신거제대교를 건너면서 섬이다. 그러나 거제도는 들어갈수록 섬이라는 기분이 들지 않는다. 그냥 육지나 다름없어 보인다. 배를 타고 가는 것도 아니고 한참을 달려도 바다가 보이지 않는 곳이 많다. 굽이를 돌며 바다가 나타나면 그 때서 여기가 섬이었지 하는 마음이 들기도 한다. 벼를 베어낸 그루터기에 새싹이 시퍼렇게 돋아 오르다 멈칫거린다.

동부면 산양 북쪽서 남쪽으로 들머리를 잡았다. 흙길로 삼림욕장에 들어선 듯 수십 년 해송이 빼곡하다. 피톤치드가 마구 쏟아져 나오지 싶다. 야트막한 산이지만 포록산(抱鹿山) 정상에서 조망을 한다. 동쪽 바다 건너 산방산, 서쪽으로는 노자산으로 새로 다듬어진 작은 능선 따라 오르락내리락 별다른 볼거리 없이 소나무숲길을 산책하듯이 가고 있다.

그런데 곳곳에 소나무의 에이즈라고까지 불리는 재선충 때문에 지난달 베어져 파란 천에 푹 씌워진 소나무무덤이 군데군데 들어온다. 안쓰러움과 함께 기분이 착잡해진다. 일대가 온통 소나무밭 이니 벌레 먹은 나무들이 얼마나 생겨날지 모른다. 현재는 속수무책으로 그저 베어내 불사르거니 격리시켜야 하는데 현장에다 무덤을 만드는 것이 고작이다.

평탄한 산길 동망산(東望山)을 거쳐 KT거제수련관에서 산행 날머리다. 앞에 펼쳐진 바다는 작은 해수욕장에 매몰도 소매몰도까지 한눈에 들어온다. 한적하면서도 빼어난 경관에 자리 잡았지 싶다. 자생단풍은 낙엽으로 볼품없이 되었어도 공들여 가꾼 단풍은 아직 곱게 남아 멋진 포즈를 취하고 있어 뒤늦게 매혹적인 아름다움 속으로 빠져들게 한다.

거제도에도 산꾼들이 시기에 맞춰 즐겨 찾는 산들이 많이 있다. 하지만 이번 산행은 야트막하니 바위라고는 거의 없는 흙산으로 소나무들만 빼곡하게 들어서 너무 단조롭다고 투정을 부리는 사람도 있다. 비록 때는 아니지만 늦가을 산림욕이라도 하듯 마음을 편하게 풀어놓고 산책하며 한 번쯤 이런 생각 저런 생각에 젖어볼 수 있는 것도 괜찮지 싶다.

그러나 산꾼은 대체로 평탄하니 단조로운 산보다는 험악한 악산으로 바위가 울근불근 치솟은 기암기석이 많은 산을 좋아한다. 아찔하니 스릴이 느껴지는 산을 좋아한다. 하지만 햇살이 쏟아지는 맑은 날을 좋아하는 사람도 여름날은 그늘을 찾고 시원한 바람이 불어오기를 기대하지 않는가. 어찌 좋은 모습 좋은 것 마음에 드는 일만 할 수 있겠는가?

때로는 비가 와서 좋고 눈이 내려 좋은 날이 있다. 바람 불어 좋은 날이 있고 맑은 햇살이 쏟아져 좋은 날이 있다. 혼자여서 좋고 함께 어울려서 좋은 날이 있다. 쫄쫄 굶어도 괜찮은 날이 있고 포식을 해도 허기지는 날이 있다. 그것이 사람의 마음이다. 스스로 다스리며 좀은 부족하고 못마땅해도 긍정적으로 이끌고 가는 것이다. 그것이 삶의 지혜다.

거제에는 아직 푸름이 남아있고 단풍이 남아있다. 하지만 고운 물이 빠지면서 색깔이 바래 가을이 지워지고 있다. 투구를 쓴 병정 같은 억새는 간혹 자신에게 물음표를 던진다. "나 지금 떨고 있니?" "아니 네 마음이 통째로 흔들리고 있나봐. 하지만 넌 겨울이 아니라 봄이 와도 억센 몸짓은 아마 끄떡없을 거야." 말해주며 등이라도 토닥여주고 싶다.

♬ 2011. 11. 22.

강화 석모도서 봄맞이

3월 1일, 짜장 3월이다. 아무래도 3월과 2월은 느낌이 확연히 다르다. 2월은 겨울이고 3월은 봄이라는 선입감이 앞선다. 따라서 2월에 추우면 당연하고 3월에 추우면 꽃샘이라고 생각한다. 3월에 따스하면 당연하고 2월에 따스하면 이상난동이라고 여긴다. 봄맞이 하러 남쪽이 아닌 북쪽으로 동쪽이 아닌 서쪽 강화 석모도(席毛島)의 낙가산(洛迦山) 보문사(普門寺)로 간다. 우리는 곧잘 전국이 반나절 생활권이라고 한다. 그만큼 도로가 잘 정비되어 있는데 하물며 봄이라고 길을 몰라 빙빙 헤매며 늦장을 부릴까나.

강화도는 섬이라지만 연륙교를 거치다보니 섬이라는 생각이 지워진다. 석모도로 들어가는 외포리선착장에 와서 비로소 섬에 간다는 느낌이 든다. 석모도로 가는 뱃길은 채 10분도 안 되지만 강한 이미지를 담으며 여행을 하는 멋을 마음껏 느끼게 한다. 그것은 여느 포구에서 맛 볼 수 없는 갈매기들의 군무에 취할 수 있기 때문이다. 수백 마리 갈매기들이 던져주는 새우깡 같은 인

스턴트식품을 받아먹으려 온갖 교태를 부린다. 노랑양말을 신은 두 발을 꽁지 밑에 쭉 뻗어 붙이고 두 팔의 날개를 펼쳐 휘젓는다.

좀은 몹시 혼란스러워 무질서해 보이지만 그 무질서 속에 질서를 유지하여 서로 치받으며 충돌하는 일은 없다. 던져주는 먹이를 공중에서 받아먹고 손끝에 쥐고 있으면 채트려가기도 한다. 어쩌다 떨어지면 날쌔게 물위로 내려앉으며 잽싸게 건져든다. 바닷물은 진흙탕으로 가무잡잡하니 구역질나게 심한 냄새가 올라와도 그 속을 넘나드는 갈매기의 몸매는 날렵하니 깔끔한 것이 한 점 오염을 모르는 타고난 기질에 품성이지 싶다. 이처럼 자연의 동물원 갈매기관을 견학하며 갈매기는 은연중 사육되고 있지 싶다.

전득이고개에서 등산은 시작된다. 그간 많은 눈이 내렸음에도 흔적이 없고 미처 자취를 감추지 못한 낙엽은 바스락거리며 발걸음에 먼지가 푸석푸석 휘날린다. 두 자릿수로 올라간 기온에 겉옷을 벗고도 땀이 묻어난다. 300m 안팎의 낮은 산줄기를 타고 올라서니 해명산이다. 잠시 조망을 한다. 간척을 하면서 잘 정비된 들녘에 염전도 들어온다. 앞바다에 저 작은 섬이 아마 소송도, 대승도인 게다. 조수간만의 차로 물이 빠진 갯벌을 고압전선탑이 성큼 들어서 작은 섬을 질끈 밟고 바다 속으로 걸어 들어가고 있다.

저 바다를 타고 먼 바다로 나가면 북한과 가장 가까운 거리에 위치하여 서해5도로 불리는 백령도, 대청도, 소청도, 연평도, 우도가 나올 것이다. 요즘 '키 리졸브' 연습과 '독수리 훈련' 등 한미

합동군사훈련에 북한은 연일 비난을 쏟아내고 무차별 군사행동까지 거론하는 으름장에 서해5도를 긴장 속으로 몰아넣었다. 하지만 저렇게 시나브로 불어오는 봄바람마저 밀쳐낼 수 있을까나. 가까운 바다는 그간 지루했던 겨울을 툭툭 털어내면서 오는 봄을 진정으로 반기고 있지 싶다. 잔잔한 물결에서 평화롭게만 보인다.

비교적 평탄한 길을 걷고 있다. 길가에 진달래나무를 들여다본다. 아직 꽃망울이 민숭민숭하지만 나무들은 빈 몸으로 겨울을 나고 봄을 맞을 준비를 서두르고 있지 싶다. 능선길은 나뭇가지 사이로 파란 바다가 좌우에서 성큼 들어온다. 그 풍광이 아름답기만 하다. 가는 길 심심할까봐 여기저기 바위들을 늘어놓아 또한 좋은 볼거리가 된다. 나뭇잎이 우거지면 모두가 가려져 그저 답답하기만 할 텐데 지금쯤 느끼기 좋은 앙상한 나무에 거침없이 걸려드는 바다다. 그런 모습이 있기에 산행은 한층 흥겨움을 보탠다.

이마가 훌렁 벗겨진 큰 너럭바위가 눈썹바위다. 바위 중앙을 타고 지주를 세워 울타리를 친 모습이 자연을 망가뜨렸지 싶어 눈살이 절로 찌푸려진다. 또 바위 사이로 내려가는 길마저 막아놓은 것을 보면 산행안전보다는 그 아래 마애불상의 권위를 살리기 위해서이지 싶다. 돌고 돌아 이 눈썹바위 아래 마애관음좌상으로 갔다. 수많은 사람들이 기도하고 있다. 얼핏 팔공산 갓바위가 스쳐간다. 이곳 보문사는 양양 낙산사, 남해 금산 보리암, 여수 향일암과 더불어 우리나라 4대 해수관음기도도량으로 알려진 곳이다.

계단을 타고 내려간다. 소위 '소원이 이루어지는 길' 이다. 굽이

굽이 걸어 오르기에 결코 만만치 않은 계단이다. 그 누가 기도하러 가는 길을 편안히 가랴. 힘들게 오르면서 백팔번뇌까지 내려놓으면 좋으련만 그렇지 못해도 하나하나 내려놓아야 한다. 어찌 모든 것을 다 붙잡고 더 무엇을 바란다고 기도를 하랴. 버릴 것은 아낌없이 버리고 비울 것 또한 비우고야 진정 바라는 그 무엇을 위해 혼신으로 기도를 할 것이 아니던가. 잠시지만 저 넙죽넙죽 엎드리며 절을 하는 사람들에게서 어디 헛된 구석이 보이던가.

그래서인가 오르는 사람들은 아주 힘들어 하지만 내려가는 발길은 가뿐가뿐 생기가 담겨있지 싶다. 나름 뭔가를 얻고 담아가는가 보다. 좌우에 가족소원을 담는 지등이 빼곡하게 걸려있지만 아직 초파일이 많이 남아서인가 주인을 기다리듯 신도를 향해 힐끔힐끔 눈길을 주고 있지 싶다. 군데군데 전망대도 있고 간이의자도 있다. 힘에 겨우면 잠시 쉬면서 오르는 길도 내려다 보고 그 너머 바다도 볼 수 있는 여유를 가져보란다. 인생이란 것이 산다는 것이 어디 서두른다고 그리 서둘러지는 것만은 아니니 말이다.

어쩌다 보니 본섬의 전등사보다도 유명세를 타고 있는 보문사를 일주문으로 입장료 내고 당당하게 들어선 것이 아니라 머리꼭대기에서 거꾸로 내려온 것이 되어 좀은 외람되기도 하다. 보문사는 1,400년의 역사를 지닌 신라 선덕여왕 때의 사찰이다. 극락보전은 석가모니부처님이 아닌 아미타부처님을 비롯하여 협시불로 대세지보살과 관세음보살을 모셨다. 이곳은 우리나라 33관음성지 중에도 그 으뜸이 되는 곳으로 알려졌다. 천연동굴을 개조

한 웅장한 석실에 앞을 지키는 600여 년 향나무가 용트림하고 있다.

가뭄 탓인가, 어렵사리 약수터에서 물 한 구기 받아 마시고 산문을 나서니 상가 앞에 200년 관음송이 몸을 옆으로 낮추고 몸을 비비꼬고 있다. 바다를 끼고 산행을 하니 천년고찰에서 봄은 우리 곁으로 성큼 다가섰고 수많은 인파 속에 봄맞이를 만끽한 하루였다. 이제 석모도 둘레 길을 달리며 다시 뱃길에 올라야 한다. 들어올 때 열렬한 갈매기의 환영 쇼를 보았다면 이제 배웅의 순간이 화려하게 펼쳐질 것이다. 벌써 갈매기의 군무가 너울너울 바다를 흔들고 하늘을 흔든다. 멀리 왔지만 멀지 않은 길로 남는다.

♬ 2012. 03. 01.

다도해 약산도

지난 3월 1일 강화 석모도에서 봄맞이 한 이후 꼭 한 달만인 4월 1일에 완도의 약산도를 찾아간다. 한 달 내내 겨울과 봄의 자리다툼으로 밀고 밀리는 날씨 속에 움츠렸는데 다시 봄 타령으로 이어지며 길을 나선다.

4월이라고는 하지만 새벽에 떠나는 날씨는 조금은 냉랭하니 알싸하다. 엊그제 비가 내리고 겨우 날이 들었기 때문이기도 할 것이다. 그러나 한낮이 되면 온도가 올라 일교차가 심할 것으로 입을 옷부터 신경 쓰였다.

네 시간여를 달리다 보니 오금저리도록 지루함 속에 강진의 땅끝 마량포구에 닿는다. 다도해로 즐비하게 들어서 있을 섬인데 완도군으로 앞에 고금도가 버티고 있다. 5년 전만 해도 배를 타고 건너야 했던 곳이다.

마량은 해상의 관문으로 통나무의 떼배(뗏목, 태우)를 타고 제주도까지 왕래를 하였다고 한다. 이제 고금대교(연륙교)를 편안하게 차를 타고 건너가면 된다. 우리 고장 충청의 태안에서 안면대교를 생각하면 되지 싶다.

고금도를 종단하고 다시 약산대교(연도교)를 건너 약산도다. 어찌 보면 섬이라고는 하지만 교통수단으로서의 뱃길은 끊어진 셈이다. 그래도 경제적이고 산업화에 기여하고 있다. 또한 섬 본래의 모습이야 어디 갔으랴.

섬에는 귀한 약초가 많아 조약도(助藥島)라 부르던 것을 최근에는 이곳 섬이 완도군 약산면으로 행정구역을 따라 약산도(藥山島)라 부르고 있지 싶다. 그러나 지금은 그만한 약재가 나올 곳이 없는 이야기뿐이지 싶다.

약산도는 깊은 바다 속에서 떠받든 삼문산(397m)이 중심을 잡고 그 산줄기가 섬을 아우르고 있다. 천동나루 쪽에서 남동으로 한 줄 하늘금을 이루는 삼문산은 왼쪽부터 장룡산, 정상인 망봉, 등거산으로 불리고 있다.

산의 주능선에서 천동나루 방면으로 넘어오는 길인 망봉과 등거산 사이에 움먹재, 망봉과 장룡산 사이에 파래밭재, 그리고 큰새밭재라는 큰 고개가 있다. 옛사람들은 이 세 고개를 문으로 보고 삼문산이라고 불러왔다.

등넘밭재에서 산행 들머리다. 오던 길가에 개나리가 활짝 피었더니 진달래 몇몇이 수줍은 모습으로 피어있다. 산자락에 돌너덜이 많다. 바윗돌이 여기저기 많이 흩어져 있다. 계곡은 봄의 소리를 물로 담아 흘러내린다.

야생 탱자나무가 고슴도치보다도 더 날카로운 가시만을 온몸에 수없이 달고 시퍼렇게 물기를 길어 올리고 있다. 앙증맞은 야생화가 눈에 들어온다. 비록 덩치는 작아도 한 생명체로 자신을 드러내는 당당한 모습이다.

청미래덩굴의 빨간 열매도 겨울을 나면서 희끔희끔 색깔이 바래고 늘어선 억새도 누런 빛깔의 당당함을 잃어가고 있다. 그루터기에서 비스듬히 비껴 새싹이 움틀 자리를 내어주어야 한다. 한 해만의 세대교체인 셈이다.

30여분 만에 움먹재에 올라선다. 바다가 먼저 성큼 들어온다. 오른쪽으로 꺾어 토끼봉으로 간다. 끝자락에 토끼가 없는 등거산이다. 바위들이 꽃잎처럼 자릴 잡고 한 송이 커다란 돌꽃으로 봉우리 하나를 만들어 냈다.

토끼봉서 바라본 광경은 무아지경으로 가히 절경이다. 아담한 어촌마을에서부터 간척지며 양식장, 엎드린 크고 작은 섬들, 바다도 푸르고 이에 질세라 하늘도 푸르다. 이제 빈산을 신록으로 채우면 모두 푸를 것이다.

역시 봄날에 바다는 좋다. 섬은 좋다. 바다를 건너서 섬에 들고 섬을 돌며 바다를 본다. 저기 넙죽이 엎드린 작은 섬을 질근질근 밟으며 봄이 올라왔을 것이다. 불쑥 일어서는 봄의 기운이 뭉클뭉클 가슴을 톡톡 두드린다.

저 작은 섬들을 넘어 본섬인 완도가 있다. 완도에서 우측 앞바다에 보길도와 노화도가 있고 왼쪽으로 청산도가 있다. 이곳 약산도에서 앞쪽에 신지도와 그 옆쪽으로는 생일도가 있고 신지도 앞쪽에 다시 청산도가 있다.

다도해라는 이름만큼이나 많고 많은 섬들이다. 그들에게도 하나하나 부를 이름이 있을 것이다. 하지만 하나같이 낯설어 몇몇 섬만 짚어가며 방향을 가늠해 보았다. 발걸음이 가뿐하게 왔던 길을 되돌아 움먹재로 간다.

움먹재에서 곧바로 삼문산의 최정상인 망봉(397m)에 오른다.

정상은 돌을 쌓고 평평하게 골라 헬기장처럼 만들었다. 제자리서 한 바퀴 돌아보노라면 사방에서 바다가 들어오는 것이 그리 크지 않은 섬임을 알 수 있다.

뭍의 왼쪽부터 오른쪽으로 낯익은 달마산, 월출산, 천관산이 들어온다. 능선을 따라가면서 소사나무가 아주 단단한 모습으로 즐비하고 몸통에 꺼풀이 생기며 자작나무처럼 생긴 것이 거제수나무의 자생지 같아 보인다.

오리나무가 꽃을 피우고 싹이 돋으며 찔레나무도 새순을 내밀었다. 인동넝쿨이며 칡넝쿨처럼 나무를 휘휘 감고 오르는 마삭넝쿨도 보인다. 파래밭재에서 바위를 쌓아 올린 것 같은 탕근바위에 올라 산자락을 훑어본다.

나무 끝이 푸르스름한 것이 물기가 한참 오르고 있는 모양이다. 다시 큰새밭재를 지나고 장룡산에 올랐다가 하산이다. 산자고, 현호색, 노란 복수초, 보랏빛 제비꽃, 하얀 노루귀, 검붉은 할미꽃 같은 야생화의 잔치다.

신선골약수터에서 목을 시원하게 축였다. 잎이 번들거리는 동백은 송이채 떨어지고 생강나무도 꽃을 피우고 두릅나무는 마음만 급한지 머리를 들썩거린다. 마을에는 매화꽃, 목련꽃, 수선화까지 예쁘게도 꽃이 피었다.

쑥을 뜯는다. 바다의 짭짜름함이 배어들고 섬이라는 특수 환경에서 빗물과 봄볕을 빨며 불쑥 솟아올랐을 것이다. 독특한 향기를 맡으며 내 마음을 뜯는다. 나도 바다처럼 마음을 펼치고 쑥쑥 솟아올라 펼쳐나갈 것이다.

♬ 2012. 04. 01.

환상의 섬 소매물도

비록 거제서 접근을 하였지만 행정구역으로는 통영시 한산면 매죽리로 한산도의 부속 섬이다. 선착장에서 망태봉을 거쳐 썰물에 몽돌길을 건너 등대섬까지는 불과 2km에 지나지 않는다. 대개의 경우는 왕복 코스다.

이곳 섬에는 그래도 메밀이 많아 굶어 죽지는 않을 것이라는 말이 매물도(每勿島)로 와전되었다는 이야기가 전해오고 있다. 지금은 메밀이 없어도 빼어난 경관에 하루가 다르게 뭍에서 수많은 인파가 찾아들고 있다.

처음부터 섬 특유의 가파른 길이다. 허름한 낡은 집들과 달리 현대식 자재로 새로 들어선 펜션이 대비를 이룬다. 포장길에서 계단을 밟으며 능선을 오른다. 몹시 더위를 느낄 만큼 아주 좋은 날씨에 사람들로 북적댄다.

소매물도의 정상인 망태봉이다. 불과 152m밖에 안 되지만 정상은 많은 의미를 담고 권위와 상징성을 지니고 있다. 주변을 거느리고 우뚝 서서 내려다보며 한눈에 훑어볼 수 있다. 보다 멀리 더 멀리 내다 볼 수 있다.

정상에는 매물도관세역사관이 있다. 전시관을 돌아보고 2층에서 옥상으로 나가면 대마도가 불과 70km 지점에 있다. 망원경도 설치되어 날씨가 좋으면 들어온다. 앞바다에 동화 속 요정이 살 것 같은 바위섬이 흥미롭다.

바다는 이처럼 파란 하늘이 드러나는 잔잔한 봄날에 찾아오는 것도 좋지 싶다. 하늘이 바다를 닮아가고 바다가 하늘을 닮아가면서 바다는 하늘을 하늘은 바다를 서로 포용할 줄 안다. 저 멀리 수평선에서 하나가 된다.

출렁이는 물결이 햇살을 받으며 반짝이는 저 모습이 하나의 꽃이 아니고 무엇이랴. 살짝 구겨져 거대하게 펼쳐진 시퍼런 천 위로 하얗게 부서지며 드러내는 뱃길이 또한 단조로워 보이는 바다에 하얀 소금꽃이 아닐까.

탁 트인 바다를 넋 놓고 바라볼 수 있는 것만으로도 여유가 묻어난다. 그림 같은 섬에서 한가로이 거닐 수 있는 것만으로도 행복이 묻어난다. 마음을 열어놓고 철썩이는 소리를 끌어들이는 것만으로도 바다가 묻어난다.

우뚝 솟은 갯바위 여에 부딪쳐 부서지는 파도, 소금쟁이가 물위를 사뿐사뿐 걷듯 달려가는 작은 선박, 벼랑에 아찔하게 매달려서도 푸름의 끈을 잡고 천연덕스럽게 잎을 피우는 저 능수능란한 여유에 신비가 묻어난다.

불과 70m거리의 열목개가 썰물 때는 물이 빠지면서 소매물도와 등대섬을 하나로 이어 놓는다. 돌 하나도 세월을 깎듯 제 몸을 깎아 둥글둥글 몽돌이 되었다. 얼마나 많은 반복된 몸짓으로 저리 만들어 낼 수 있었을까.

자신의 성질을 죽이고 자연에 순응하며 다시 태어나고 있는 것이다. 쇠절구공이를 갈아서 바늘을 만들었다는 말처럼 물길이 스쳐 각진 돌을 저처럼 만들어 가고 있는 것이다. 그런데 사람은 너무 오락가락하지 싶다.

등대섬은 앙증스럽도록 한눈에 들어오는 하나의 그림 같은 작은 섬이다. 이미 백 년 가까이 된 등대로 무려 백리를 넘어 46km까지 빛을 보내는 광폭에 9km까지 소리를 전할 수 있는 음폭의 능력을 소유하고 있다.

백의를 걸친 천사 같은 등대는 바닷길에 마지막 희망이다. 대낮에는 저렇게 평화로운 모습을 하고 있지만 어둠이 쌓이면 등대는 분주하다. 멀리 아주 멀리 불빛을 쏘며 길 잃고 방황하는 나그네의 이정표 길잡이가 된다.

등대섬의 등대 주변은 정말 절경으로 이루어졌다. 깎아지른 암벽도 그렇지만 그 아래 물길은 또 어찌 저리 짙푸르랴. 내려다보기에도 아찔하다. 그래도 호기심은 자꾸만 절벽 가장자리를 타고 오르락내리락 하게 한다.

작은 섬은 마냥 외롭기만 할 듯싶지만 이제는 혼자도 견디어 내는 법을 익혔다. 스스로 해야 할 일까지 너무 잘 알고 있지 싶다. 때로는 진한 어둠 속 억세게 몰아치는 파도와 바람 속에서 살아남는 법을 터득하였다.

섬에서는 풀들이 바람과 함께 자란다. 단순히 시달림만 받는 게 아니다. 돌 틈에 나무들 또한 서로 의지하고 확인하듯 그렇게 아옹다옹 살아간다. 굶주릴 때는 파도소리까지 먹을 줄 알며 바다와 하나가 되어가고 있다.

섬에서는 나무 한 그루 풀 한 포기도 그냥 서있는 것이 아니다. 바람에 일방적으로 혼쫄나지 싶지만 때로는 친구처럼 함께하며 풍향계가 되기도 한다. 바람을 마시고 파도소리 마시며 뿌리가 굵어지고 대가 튼튼해진다.

멍석딸기 같은 거제딸기가 벌써 다섯 이파리 찔레처럼 하얗게 꽃피웠다. 계절이 한 걸음 앞서가고 있음을 실감하게 한다. 원추리도 수북하게 일어서고 청미래덩굴도 보이지만 섬만의 독특한 푸나무들이 눈길을 끈다.

유람선은 목청을 높여 주변 경관의 면면을 자랑하고 있지 싶다. 역지사지라 하였던가. 배에서는 섬을 올라보고 싶고 섬에서는 배를 타보고 싶은 마음이다. 바꾸어 바다에서 섬을, 섬에서는 바다를 보는 것도 좋지 싶다.

되돌아 나오는 길 에메랄드 빛 바다는 속살이 훤히 들여다보인다. 그만큼 일대는 청정지역이고 한려수도로 거듭날 수밖에 없을 것이다. 그러나 수많은 인파가 오가면서 훼손되어 한창 생태계의 복원사업이 진행 중이다.

소매물도 초등학교 터다. 산자락에 돌담을 둘러친 토담집으로 초라하기 그지없는 움집 같은 곳에 살던 유년에게 현대식 학교의 건물은 신기하리만치 거대하고 능선에 잘 다듬어진 운동장은 아주 넓게만 보였을 것이다.

지금도 30여 명 주민으로 35년 동안 고작 131명의 졸업생을 내고 16년 전에 폐교가 되었으니, 졸업생은 20대 후반에서 60대 중반이 되어서 폐교의 아쉬움에 지울 수 없는 유년의 뿌리가 그리움으로 배어 있을 것이다.

운동장 가에 미끄럼틀, 그네, 시소는 부식되고 망가져 보는 마음도 찡하다. 불과 2칸짜리 교실이지만 저기서 쪽빛 바다보다도 더 또랑또랑한 눈망울의 어린이와 섬마을 총각선생님은 배움 앞에 실랑이도 벌였을 것이다.

해맑은 웃음소리가 사라진 동백나무 울타리에 관사도 흉측스런 몰골이다. 달리 용도를 찾아볼 수도 있었으련만 저대로 방치한 연유가 의심스럽다. 뒤로 돌아가면 잡목이 멋대로 자라 배움터였다기보다 음산함만 넘쳐난다.

북쪽 능선을 타고 계속가면 동백나무가 우거져 마치 터널 속을 거니는 듯싶다. 끄트머리에 다다르면 대매물도가 들어온다. 산자락을 내려오면서 큼직한 남매바위가 바다로 굴러가다가 아래와 위에서 그대로 멎어 있다.

모습을 드러내지 않고 새가 운다. 동박새는 아니지 싶다. 섬만큼 아름답고 바다만큼 깨끗한 목청을 지닌 텃세일 것이다. 찾아준 손님에게 감사의 선물을 하는지 가슴을 파고들기에 손색없는 낭랑하고 감미로운 멜로디다.

저 멀리 해무를 비집고 봉우리 하나가 솟아오른다. 섬이다. 섬 주위에는 아기자기한 여(礇)가 많다. 같은 곳에서만 보아서는 알 수 없다. 보는 각도 방향에 따라서 전혀 다른 모습으로 다가오며 또 다른 자태를 뽐낸다.

바다가 보고 싶고 섬을 거닐고 싶었다. 거제 저구항에서 한려수도 뱃길 따라 40여분 내달았다. 소매물도를 오가면서 바다를 보고 수많은 섬을 보고 그들이 던지는 메시지를 읽으며 하루쯤 바다가 되고 섬이 되어 보았다.

♬ 2012. 04. 15.

어느 작은 섬을 거닐며

갯벌이 자꾸 줄어들고 있다. 최근 19년 사이 여의도 넓이의 27배가 줄어들었다는 보도이다. 갯벌은 단순히 보고 즐기는 것으로 끝날 일이 아니다. 갯벌이 살아 숨 쉬어야 바다가 살아난다. 바다는 수자원의 보고로 그 자원이 직접 우리의 식탁에 올라 우리의 건강을 지켜내는 것이다.

바다가 죽어 가면 결국은 그만큼 우리의 생활도 힘들어지는 것이다. 갯벌을 개발하는 것도 좋지만 장기적으로 볼 때는 또 다른 부작용이 불거져 나올 수가 있는 것이다. 당장 눈앞에 보이는 작은 이익에 연연하여 아무렇게나 방치하거나 오염을 시키기보다는 잘 가꾸어야 할 것이다.

해안의 모래사장을 걷는다. 마침 밀물 시간이다. 밀려오는 물길이 마치 백마를 타고 달려오는 폭군과도 같다. 달려오다 허무하게 무너지며 내지르는 고함소리던가. 요란한 해조음이 금세라도 주변을 삼킬 듯 위세를 떨치며 분위기를 압도한다. 좀처럼 지치거나 멈추지 않는 일상이다.

앞서서 달려들던 용사들이 무참하게 쓰러지면 그 뒤를 이어 다시 달려드는 용맹으로 한 걸음씩 전진은 계속되고 끝내 목표지점에 다다른다. 그러다 또 한 걸음씩 뒷걸음질로 저만큼 물러날 것이다. 바다는 쌀쌀맞게 어미가 새끼를 떨어뜨려 놓고 안달하는 모습과도 같이 오버랩 된다.

물길의 힘에 편승하여 아기 섬은 앙앙거리며 엄마품안으로 달려올 성싶고 엄마는 발을 동동거리며 팔을 크게 벌려 금세라도 아기를 끌어안을 것 같은 마음이지만 그것은 하나의 바람일 뿐 서로 애타게 바라볼 뿐이다. 그렇게 애 태우며 그렇게 부르다가 잠잠해지고 미친 듯 발작을 한다.

저 많은 섬을 바라보노라면 태고에는 바다도 평범한 육지의 한 산자락이던 것이 지각변동으로 물이 차오르며 얕은 곳은 잠기고 다소 높았던 봉우리가 지금껏 목을 내놓고 섬이라는 이름으로 남아있기도 할 것이다. 이런저런 사연이 얽혀서인가 바다는 뭍으로 달려오며 그리워한다.

하지만 어인 일인지 뭍은 바다를 애써 밀쳐내고 외면한다. 그러나 다시 그리워하며 그렇게 아옹다옹하는 듯싶지만 상생의 길을 가고 있는 것이다. 으르렁대도 서로 감싸면서 외로움을 달래며 의지하고 있는 것이다. 서로 너른 품으로 세상을 끌안고 수많은 생명을 먹여 살리는 것이다.

제2부

일본에서

소나기가 만든 친절

나리타국제공항이다. 이제 외국인 신분으로 트랩을 나서 일본 땅에 도착하자 맨 먼저 참았던 오줌부터 힘차게 내갈겼다. 그래 맛이 어떠냐? 좀은 거뜬하니 후련한 마음으로 외국인 입국심사대 앞에 섰다. 사실 말만 외국인이지 한국인이 대부분으로 국내 김해국제공항이나 다름없지 싶은 분위기다. 50분을 넘게 입국수속을 밟고서 공항을 빠져 나왔다.

공항은 좀 오래되어 다소 비좁은 성싶었으나 그래도 짜임새가 있고 시가지는 깔끔하다. 나리타의 하늘은 맑은 김해와는 달리 검은 구름이 떠다녔지만 그래도 더위는 덜하지 싶었다. 일본은 8월 15일이 패전기념일이자 추석인 연휴기간으로 곳곳이 붐빌 거란다. 가까운 거리에 진언종 지산파의 대본산으로 천년 사찰인 나리타산 신승사(新勝寺)로 갔다.

입구에 샘물이 있어 손을 씻어야 몸이 씻기고, 입을 헹구어야 마음이 씻기니 정갈한 몸과 마음으로 들어가야 한다. 우측 계단을 타고 오르면 향불을 준비하여 누구든 향을 한 움큼씩 불사르며 연기를 쐬어야 사바세계에서 정신의 세계로 빠져든다고 한다. 동익(東翼)과 서익(西翼)으로 나눌 만큼 크기가 어마어마한데다 잘 다듬어진 조경으로 압도한다.

우리나라 어느 사찰에 비해도 그 규모나 외관은 빠지지 않지 싶다. 국가중요문화재도 여러 점 눈에 들어온다. 그러나 불상(佛像)이나 스님은 좀처럼 찾아볼 수가 없다. 일본식 사찰의 특색으로 스님은 출퇴근을 하면서 계획된 스케줄에 따라 얼굴을 나타낸다. 관람을 끝내고도 30분가량은 여유가 있다. 인근 상가에서 기웃거리다가 음식점으로 들어섰다.

연로한 할머니가 운영하는 탁자 몇 개뿐인 그야말로 구멍가게다. 메뉴판을 들여다보면서도 망설이다가 어렵사리 주문을 했다. 일종의 우동으로 2인분에 1,350엔이다. 물론 반찬이라고는 하나 없이 물 한 컵에 달랑 주문한 것뿐이지만 만만치 않은 값이다. 어디를 가든지 모든 상품이 정찰제로 가격표시가 되어 있다. 여기에 소비세 5%를 추가하면 된다.

한국의 식당을 은연중 연상했는지 마주보고 웃다가 아무래도 밖이 심상치 않아 보였다. 기어이 비가 내리고 있다. 그 사이 돌변한 날씨에 몹시 당황하면서 서둘러 후딱 먹어 치웠다. 그러나 이미 사방은 어둠침침한데 번쩍거리는 번갯불에 이어 천둥소리는 고막을 찢을 듯 요란했다. 이국의 고찰 앞에서 이런 엄청난 괴성을 듣다니 순간 앞이 캄캄했다.

빗줄기가 사선으로 마구 내리 꽂는다. 물방울이 갈피를 못 잡도록 막 튀어 오른다. 어디로 가야할지 방향도 아리송한데다 좀은 불안하니 당황스럽다. 그러나 그들은 아주 태연하다. 해양성

기후로 여름이면 이런 날씨를 자주 겪어왔기에 이골이 난 것 같았다. 상가 끄트머리서 동동거렸다. 이제 자유시간도 불과 10분 남짓 남았는데 정말로 난처하였다.

앞이 보이지 않으며 버스가 어느 쪽에 주차해 있는지 방향마저 가물가물하다. 빗줄기는 더 굵어지며 요란법석을 떤다. 노인 한 분이 다가와 말을 건넨다. 뭔가를 도와주겠다는 눈초리다. 순간 조금 전 식당에 있었던 할아버지라는 생각이 들었다. 주차장에서 일행이 우리를 기다리고 있다. 일정에 따라서 움직여야 하는데 비가 이처럼 쏟아지고 있다.

주차장을 모르겠으니 어쩌면 좋으냐는 내용을 전달하여야 한다. 우선 말하려는 쪽이나 듣는 쪽이나 답답하기는 마찬가지다. 눈치껏 최선을 다해보는 것밖에 달리 도리가 없다. 혹시 카드가 있느냐고 묻는다. 결재카드가 아닌 어느 숙소라든지 안내주소나 전화번호가 적힌 카드를 묻는 거다. 여기서 숙박하는 것이 아니기에 그런 것이 있을 리가 없다.

도저히 안 되겠다 싶은지 주머니에서 꼬깃꼬깃한 마을지도를 펼쳐놓는다. 그로도 부족한지 이번에는 보다 자세한 시가지 관광 안내도를 가져온다. 어느 쪽인가를 살펴보란다. 외국지도를 보는 일 또한 그리 쉽지 않다. 공용주차장을 찾았다. 그러나 여러 곳이 있었다. 기억을 되짚으며 어렴풋이 한자를 읽듯 뜨덤뜨덤 간판을 읽었던 기억을 더듬어 나갔다.

마침 저쪽 승용차 옆에 같은 연배의 할아버지가 있다. 그분을 불러 이들은 외국인이고 갈 길이 먼데다 더구나 길을 잃은 것 같다. 버스가 저쪽 주차장에 있는 것 같은데 이처럼 비가 억세게 쏟아지고 있으니 좀 어려워도 이들을 안전하게 데려다 주어야 할 것 같다는 이야기 같았다. 고맙다는 말과 함께 사례금을 주려고 하니까 아니라 손을 내젓는다.

그분의 승용차를 타고 빗속을 달려 가까스로 버스가 있는 곳에 도착하였다. 그분 역시 사례금을 단호하게 거절함에 감사하다는 악수만 나누고 버스로 힘차게 뛰어 올랐다. 일행이 일제히 환호성이다. 그러나 시계를 보는 순간 아직 2분이나 남아있다. 이에 지정된 시간 내에 돌아왔다고 개선장군처럼 아무렇지 않은 듯이 아주 느긋하게 여유를 보였다.

한여름 생각지 않은 소나기에 낯선 거리 말도 통하지 않는 낯선 사람에게서 승용차까지 거저 얻어 탔다. 불과 얼마 되지 않는 거리이지만 갑자기 닥친 악천후에 외면해도 그만이었고 지나가면 그뿐인 한낱 외국인이었다. 그러나 피동적이 아닌 능동적으로 자상하고도 친절한 마음에서 봉사하는 참된 모습의 면면을 실감나게 체험하는 계기가 되었다.

물론 관광지를 찾아온 손님이 그곳을 떠날 때까지 불편함 없도록 끝까지 챙김과 배려였다. 그만큼 그들은 상술 이전에 생활화되어 실천하는 친절이 몸에 배어있는 것이다. 소심한 성격에 깍쟁이상술을 가졌지만 베풀 것은 아낌없이 베풀고 받을 것은 또한 정당하게 받을 줄 아는 사람들이었다. 정말 우연일 수밖에 없지만 좋은 추억을 담게 되었다.

한여름의 빗줄기는 계속 쏟아져 내릴 성싶었지만 곧 냉철하리만큼 언제 그랬느냐는 듯 하늘은 다시 맑게 개였다. 어쩌면 관광지서 일어날 수 있는 하찮은 예에 불과하다고 할지 몰라도 어쨌거나 천둥번개와 함께 순식간에 사정없이 쏟아지는 빗줄기 속에서 아무 대가없이 이방인에게 자진해서 베풀어준 친절에 새삼 두 분 노인께 감사함을 전한다.

후지산에 오르다

이제 일본열도 중심에 왔느니
그들의 자존심
후지산에 당당히 올라 보리
그들의 오만함
8.15 광복절에
한 발 한 발 짓밟아 보리라
능청스런 교만
침을 뱉으리라
우리 하늘과 달리 챙겨보리라.

— 후지산을 오르며

예정보다 한 시간 서둘러 새벽 4시에 달과 함께 길을 나섰다. 어렴풋한 길을 간다. 처음엔 평지 같은 기분에 얕잡아 봤는지 마치 경보경기라도 하듯 앞서거니 뒤서거니 내친다. 그도 잠깐 관리사무소 입구쯤 다다르자 하나 둘 쉬어간다며 뒤로 처진다. 그럼 그렇지! 엄청난 준비에 선수들만 온 줄 알았더니 마음만 앞섰던 모양이다. 국립공원이라고는 하지만 입장료는 없다. 때문인가 화장실 같은 편의시설 또한 없다.

한 시간쯤 지나 6합목을 오른다. 대부분 뒤로 처지고 선두에 나섰다. 나무는 물론 풀 한 포기 없는 가파르게 세워진 허허벌판 화산재뿐이다. 얼핏 보기에는 마치 강원도 산간지방 고랭지 채소 밭 같다. 수확을 막 끝내고 잘 갈아 엎은 밭뙈기 같다. 그러나 아무 것도 자라질 않는다. 어제 비가 내려 그렇지 조금만 바람이 불어도 재가루가 말도 못하도록 휘날린단다. 빗물은 금세 재속으로 스며들어 흘러내리질 않는다.

따라서 흙무더기도 무너지지 않고 원상태 그대로로 계곡이 형성되지 않는다. 수목이 마음 놓고 자라려면 아무래도 계곡이 있어야 한다. 계곡이 있는 곳에서부터 수목이 자라는 것을 볼 수 있다. 계곡이 있다는 것은 곧 물이 흐를 수 있다는 것으로 이는 나무가 자랄 수 있는 환경의 첫 번째 조건인 수분을 공급받을 수 있기 때문이기도 하다. 계곡이 없다보니 푸나무가 없고 자랄 수 없는 거다. 헐벗어서 황량할 뿐이다.

비가 내려도 물은 흐르지 않으니 흙더미를 쌓아놓은 것처럼 보이지만 끄떡없이 견뎌낸다. 흘러내리던 흙이며 굴러 내리던 바위들이 마치 마술에라도 걸린 양 동작 그대로 멈춘 듯싶다. 금세라도 움직임이 활발하여 우르르 쏟아져 내릴 것 같지만 그 상태에서 완전 멈췄다. 길은 양쪽에 철주를 박고 한 줄 쇠사슬로 연결고리를 이어놓은 것이 고작으로 안전장치도 없고 모두가 한눈에 훤히 보이기에 필요치 않은가 보다.

빗물은 속으로 안고 흐르고 흐르다 저 아래에서 호수를 만든다. 군더더기 없이 꼭대기까지 훤히 보여도 수직으로 1km가 넘는다. 지그재그로 이어진 길바닥은 흙에 자갈만한 화산재를 밟으며 좀은 단조롭고도 지루하게 올라야 한다. 각 합목에는 산장이 있어 숙박을 하며 또한 그곳이 쉼터 겸 전망대 역할을 한다. 비록 후지산 들머리에 입장료는 없지만 화장실을 이용하려면 업소에서 청소비 명목으로 100엔을 내야한다.

6합목(2390m)에 오를 즈음 뒷머리가 뜨끔거려 잠시 뒤돌아보니 채 5시도 안 되었지 싶은데 해가 떠오른다. 약간의 구름 속에서 시뻘건 불덩이가 솟아오른다. 갓 나온 태양을 똑바로 우러러본다. 잠시 구름 속에 들어갔다 나오더니 금빛으로 변하고 비로소 눈부시게 빛을 발하면서 더는 바라볼 수가 없다. 후지산 자락에서 정상 쪽은 아직 밝은 달이 머뭇거리는데 일출은 장관으로 황홀한 감회에 젖어들어 할 말을 잃는다.

해와 달의 보살핌 같은 축복 속에 후지산을 오른다. 산을 오르기에 아주 적합한 날씨로 7합목(2700m)에 올라선다. 위를 바라보니 오른 쪽은 물이라도 들인 듯이 온통 산자락이 빨갛다. 빨간 화산재가 흘러내린 것이다. 돌아서 내려다보면 2천 수백 미터 아래 저만큼 구릉지 같은 산에는 구름이 걸리기도 하고 올망졸망 서로 키 재기라도 하는 듯 정겨움이 묻어난다. 또 새로운 수평선을 열며 구름바다를 이루기도 한다.

길가에 콩새 한 마리가 나타났다. 이 높고 헐벗은 산자락에서 뭘 먹고 어떻게 지내는 걸까 궁금하였지만 그저 반가웠다. 아무리 열악한 환경이라도 생명체는 살아있었다. 숙소에서 싸준 도시락으로 아침식사를 한다. 엊저녁에 싼 것이라서 그런지 좀 뻣뻣하니 사실 별로 내키지 않는다. 그래도 먹어두어야 힘을 얻겠다며 물과 함께 입안에서 우물우물거렸다. 김치 한 봉지를 옆자리에 앉은 일본인 할머니에게 슬쩍 건넸다.

처음에는 뭔가 머뭇거리는 듯싶더니 그냥 드시라는 말을 알아들었는지 금세 얼굴이 환해지며 고맙다는 인사를 민망할 정도로 연신 한다. 무심코 스쳐지나갔던 이야기가 퍼뜩 떠올랐다. 쇼군(장군)이라는 막부(군인) 세력에 무지렁이로 짓밟히며 살아온 서민들이다. 무법천지로 닥치는 대로 살육을 가리지 않았던 터라 그들이 지나가면 무조건 납작 엎드려서 그들이 완전히 지나갈 때까지 머리를 푹 숙이고 무턱대고 조아렸다.

말을 타고 달리기에 그 인사하는 모습을 확실하게 보았는지 알 수 없는 터라 행여나 화라도 미칠세라 걱정이었다. 이에 못 보았으면 보란 듯이 계속해서 머리를 숙였다 들었다 몇 번이고 그들이 완전히 사라질 때까지 살아남기 위해 수없이 인사를 하던 습관이 지금껏 남아있지 않을까 싶기도 하다. 쇼군에게는 인간으로서 생각하는 바가 포악스럽고도 단조로움이 배어있는가 하면 느긋하니 여유로움 즐기는 이도 있었다.

새장에 같은 한 마리 새를 두고도 새가 울지 않으면 처신하는 방법이 서로 달랐다. 괄괄한 성격은 이제 필요 없다고 단칼에 새의 목을 날렸는가 하면, 수단 방법을 가리지 않는 소위 당근과 채찍을 번갈아가며 울도록 만들기도 하고, 때가 되면 울지 말래도 울겠지 하고 아주 느긋하게 기다렸다고 한다. 이처럼 세 종류로 나누어 극단적인 비유를 하고 있지만 마지막 번을 지향하는 일본인은 은근과 끈기가 있다고 한다.

8합목(3020m)을 지난다. 왼쪽 내림길에 웅성웅성 열을 지어 내려간다. 나는 언제쯤 저 대열에 서나 싶었지만 조금만 더 참자.

머잖아 저 속에 낄 시간이 곧 다가온다는 마음으로 굳게 다짐해 본다. 우리가 백두산을 생각하듯 일본인은 후지산을 영산으로 여기며 순례 오는 것을 아주 자랑스럽게 여긴다. 5합목에서 지팡이(각목처럼 깎았음)를 구입하여 각 합목에서 기념으로 인두로 지지는 도장을 받아가면서 오르기도 한다.

정월 초하루, 오월 단오절, 추석이 그들의 3대 명절이라는데 추석명절 연휴기간으로 많은 사람들이 유원지나 온천 같은 곳을 찾고 있다고 한다. 지그재그 길 굽이굽이에 젊은 남녀가 픽픽 쓰러져 맥이 풀려있다. 간혹 구역질을 하기도 한다. 해발 3천m 이상 올랐으니 고소증세에 시달리는 것이다. 얼굴과 손을 보니 좀은 푸르스름한 것 같다. 가슴이 다소 무거워지고 속이 안 좋은 성싶다. 그러나 별 이상을 느끼지 않는다.

헐떡거려도 한 발 또 한 발 자꾸 내딛는다. 본8합목(3360m)을 벗어나 정상에 가까울 즈음 그들의 토속신앙이랄 신사가 설치되어 있다. 소위 天자 모양의 문으로 톨이(새)가 세워져 있다. 새가 이생과 내생에 영혼을 물어 나른다고 믿는다. 그 새가 톨이에서 기다리고 있는 것이다. 이 엄숙한 의식에 공짜가 어디 있으랴. 몇 백, 몇 십 원 동전이 수북하게 놓여있다. 믿음의 표시인지 나름대로 마음을 모으며 재물을 바친다.

정상 능선에 올라선다. 겹산이 아니기에 한 자락을 빤히 올려다보며 올랐다. 한 장 한 장 벗겨내는 재미는 없었지만 오르는 사람도 내리는 사람도 한눈에 보며 오르고 내렸다. 평퍼짐하니 상점들이 죽 늘어섰다. 그러나 소요된 시간이 생각과 달리 불과 4시간여에 지나지 않았다. 온 길을 빠끔히 내려다보니 몇 번 펄

쩍거리면 내려설 성싶게 확 드러난다. 조금 왼쪽으로 돌아가야 마지막에 정상(3776m)으로 분화구가 나온다.

분화구를 들여다본다. 물 한 줌 없는 맨바닥이 드러난다. 백두산은 그만두고라도 한라산의 백록담이 어디 이렇던가. 물도 있고 노루가 뛰놀며 꽃이 피어난다. 또한 원뿔형의 모양새도 품위가 있다. 그런데 이게 무어냐, 어딘가 좀은 꾀죄죄해 보인다. 엄숙함보다는 엉성하니 100여 미터 깊이의 한 계곡을 그냥 막아놓은 듯싶다. 건너편으로 분화구 벽이 보인다. 벌건 곳도 있고 푸른 곳도 있고 움푹 파인 곳에 직벽도 있다.

네 시간 동안 올랐노라
너희들 자존심인 후지산에 왔노라
홀러덩 벗겨진 산자락에
빈 곳간 같은 이지러진 분화구
세심한 손놀림과는 달리
민숭민숭 널브러진 화산재 뿐
마음먹고 왔다가 맥 풀려 가노라.

— 후지산 정상에서

주변에는 검은 빛 혹은 붉은 빛 화산재가 널려 있다. 달리 특이한 바위라든지 무슨 형상 같은 것을 찾아볼 수 없는 단조로운 느낌이다. 그저 높은 산이라는 것밖에는 달리 느낌으로 남을 만한 것이 없지 싶다. 단지 막힘없는 조망으로 위안을 삼는다. 3천여 미터 상공에서 동적인 것보다는 멎음 상태에서 다른 느낌으로 다가와도 기대가 컸던 만큼 어긋남도 남아있다. 하지만 한 발 한 발 올라 여기 발도장을 콱 찍은 것이다.

하늘에서 구름 한 무더기가 분화구로 떨어지는가 싶더니 바람이 안개를 물고 나와 주변을 연막 치듯 흩뿌려놓는다. 날씨가 심통을 부리려나 보다. 한 시간 쯤 분화구 주변을 걷다가 그럴듯한 새카만 화산돌 하나를 주워들었다. 내 기꺼이 너를 가져가리라. 서재 한 귀퉁이에 두었다 너를 보며 오늘 이 순간의 추억을 되새김질해 보리라. 배낭 옆구리에 조심스레 끼우고 상점 쪽으로 다시 돌아가니 후발 주자가 올라왔다.

석화온천(石和溫泉)

1합목을 지나며 터널 같은 숲을 빠져나왔다. 합목이란 길이 만나는 지점이란 뜻이다. 하구호(河口湖) 마을 쪽을 지나려니 가로수에 무궁화가 활짝 피었다. 그냥 가슴 뭉클하게 반가웠다. 여기도 무궁화가 있었구나. 중국 황산의 비취계곡에서도 목근(木槿)이라는 이름표를 달고 있었다.

얼핏 보기에 일본의 수목도 우리의 수목과 흡사한 것들이 많이 있다. 칡넝쿨이 휘감고 올라갔다. 다만 눈에 띄게 부러운 것은 일찍이 산림녹화 조림계획으로 울창한 숲을 이루고 마치 하늘이라도 찌를 듯이 높이 솟아오른 스기나무(삼나무)다. 이는 경제림으로 이용가치도 아주 높다.

일본은 열도에 화산이 많은 곳으로 온천 또한 많다. 한 시간 반쯤 내달려 도쿄 인근의 조그만 온천으로 갔다. 농촌지역에 위치하여 아주 고즈넉하다. 입구가 좁은데다 간판도 우리처럼 화려하다거나 난잡하지 않았다. 꼭 필요한 것만 걸어놓아서 관광버스 기사도 찾는데 갈팡질팡 했다.

그래도 올 손님은 추억을 그리워하듯 다시 찾아온다. 과수원 가운데 위치하여 복숭아, 포도를 수확하고 있었다. 한 쪽은 삼림공원으로 숲을 이뤄 쾌적한 분위기였다. 다소 허름하다는 느낌이었지만 80년 가업에 전통을 자랑하며 옛 모습 그대로 유지하려고 약간의 수리에도 신중하다.

후지산에서 흘렸던 땀과 묻어온 먼지를 이곳 전원 속의 이사와온천(石和溫泉)에서 말끔하게 씻고 피로도 닦아내며 부듯한 마음으로 채웠다. 새벽같이 창문을 여니 맑은 하늘에 까마귀가 날고 있다. 우리 마을에 귀빈이 왔다고 까악~ 까악, 온 동네를 높이 날며 인사라도 하는가 보다.

우리는 무조건 까치라면 좋아하고 까마귀라면 까닭 없이 미워한다. 하지만 일본에서는 사뭇 다르다. 까치보다 까마귀가 유익한 길조로 대접을 받는다. 저리 새벽부터 소리를 내지르며 휘젓고 다녀도 나무라기보다는 오늘은 좋은 일이 있으려나 보다고 오히려 반기지 싶은 생각이 든다.

일본 사람들은 대체로 소박하다. 그리고 조용한 것을 좋아한다. 집은 자그마해도 꽃밭을 만들고 분재를 즐길 줄 안다. 또 아무리 비좁아도 주차장을 확보한다. 정서적으로 안정을 찾고 불법주차가 없는 기본질서를 지키며 도로는 좁아도 넓게 쓰고 깔끔하니 깨끗하다는 인상을 풍긴다.

도로에서 좀처럼 빵빵거리는 소리를 듣지 못한다. 느긋하니 양보도 하고 기다릴 줄을 안다. 저녁 8시면 대부분의 상가는 철시하고 늦도록 돌아다닐 일이 적어 도로의 가로등도 최소한으로 꺼져 대체로 어둠침침하다. 그만큼 실리적이고도 가정적으로 돌아가 검소한 생활을 하나보다.

외화내빈보다는 내실을 우선적으로 다지는 것이다. 일본이라는 나라는 세계적 경제대국으로 아주 부유한데도 국민은 가난하여 씀씀이에는 허리띠를 졸라맨다. 그러나 우리는 나라가 어려워 허덕여도 국민은 씀씀이에 꺼릴 것 없이 펑펑거린다. 남보다 드러나게 큰 집 큰 차여야 한다.

여봐란듯이 흥청거려야만 직성이 풀리는 모양이다. 먹다가 남겨놓고 먹든 안 먹든 이것저것을 푸짐하게 차려야 한다. 하지만 그들은 단무지 몇 쪽으로도 식사를 할 정도로 꼭 필요한 양 만큼만 내놓고 부족하면 추가로 시킨다. 그러다 보니 음식 쓰레기로 골머리를 앓을 필요도 없지 싶다.

속이야 문드러지거나 말거나 네가 사면 나도 못살 것 없다고 무언의 경쟁 심리로 충동구매에 소비까지 생겨나기도 한다. 그래야 기가 살고 업신여기지 않는다고 생각하며 우쭐해 한다. 일본인에게서 배울 점이 많다. 우리도 허영 같은 들뜬 마음을 접고 실속을 차려야 할 시점에 왔지 싶다.

하코네 아시호수

온천장 종업원들의 배웅을 받으며 하코네로 떠났다. 하코네(箱根)는 전통을 자랑하는 온천지역이다. 사실 하코네는 하코산이 폭발함으로써 존재하는 곳이라고 보아도 될 것이다. 산자락에서 온천수가 쏟아져 나오고 호수며 계곡이며 모두가 화산의 유물로 그것을 이용해 살아가고 있는 것이다.

아시호수에서 유람선부터 타기로 하였다. 공원에서 30분가량 여유가 있다. 아시호수는 화산이 폭발하면서 날아온 돌들이 계곡을 막으며 생겨난 칼데라호수다. 호수는 맑고 깨끗했다. 주변에 음식점이나 러브호텔 같은 것이 있음직한데도 철저히 규제하는 것 같다. 낚시도 아무데서나 하질 않는다.

또한 아무데서나 고기를 굽고 술자리를 펼쳐 먹고 마시며 주변이 시끄럽게 놀자판이 벌어지지 않는다. 그러다보니 주변은 자연히 조용하고 깨끗해질 것이다. 돌멩이를 들춰보면 대뜸 큼직큼직한 지렁이가 나오고 굼벵이가 나오는 것을 볼 수 있다. 그만큼 무공해 청정지역임을 입증하는 것이다.

유람선에 올랐다. 입구 물가에 산초열매가 풍성하게 달렸다. 2층 선상은 청량한 바람이 불어 상큼하였다. 해발 724m에 위치한 산정호수로 아주 맑고 푸르렀다. 호수는 좁다란 외줄기로 뻗어나가고 양편 산자락은 나무들로 무성하다. 낚시하는 연인들의 모습이 평화로워 한 폭 그림으로 수놓는다.

호수는 산보다 맑고도 푸르렀다.
청량하게 일어서는 바람
하필 해적선에서
마음을 훌훌 풀어놓았다
하늘보다 맑고 푸르른 호수에
많은 이야길 풀어놓았다
모두가 호수에 비춰보고 있었다.

— 아시호수에서

하선하여 호수 주변을 빙빙 돌아갔다. 도로는 깨끗하니 아늑한 분위기를 연출한다. 왼쪽은 맑은 호수요 오른쪽은 우거진 숲이다. 드라이브하며 낭만적 분위기에 살며시 젖어든다. 호수에서 선망적으로 보였던 고마가타케 로프웨이(케이블카)를 타고 정상(1327m)까지 1.8km 거리로 7분쯤 걸린다.

101인승 대형 곤도라가 힘 안들이고 사르륵 내닫는다. 내려다보는 산자락은 나무가 빼곡하게 우거져서 계곡마저 들여다보이지 않는다. 위쪽에는 잔잔한 산죽이 펼쳐지고 허리에는 녹색 골프장이 아담하게 잘 꾸며져 있다. 안개구름은 수시로 산 전체를 덮었다 걷었다하며 호기심으로 현혹시킨다.

이곳도 분화구였던지 분지를 이루며 대체로 평평하다. 끄트머리가 25m 더 높은 사실상 정상이다. 거기까지 한 바퀴를 휘돌아본다. 탁 트인 조망에 늠름한 후지산을 바라본다. 돌아서면 턱 밑에 그림처럼 떠 있는 아시호수에 하코네 전경이며 너머 저 너머로 바다까지 보이면서 조망이 빼어나다.

유황계곡으로 향했다. 수 아름드리 삼나무가 즐비하게 늘어섰다. 쭉쭉 뻗어 오른 모습은 목이 아프도록 쳐들고 보아야 한다. 무려 수령이 400년이 가까이 되는 것들도 있다. 성주가 자신의 영역에 권위를 나타내듯이 심고 가꿨지만 지금껏 보존해온 그들의 끈질긴 모습에 박수를 쳐줄 만하다.

산자락 군데군데에서 연기인지 수증기인지 솟아오른다. 여기가 하코네가 자랑하는 유황계곡이다. 두런두런 대는 목소리로 보아 상당수 한국인이 몰려온 것 같다. 유황냄새가 훅 풍겨온다. 계란 썩는 냄새가 난다. 지금도 화산이 활발하게 활동하며 내뿜는 수증기에 진흙까지 부글부글 끓어올랐다.

그 온도가 자그마치 80도쯤 되는데 관을 통하면 100도 가깝다. 진흙 속에 계란을 10분쯤 넣어두면 불에 태운 것처럼 새카맣게 삶아지는 흑옥자(黑玉子)로 낱개로 계산하면 900원 가까운 값을 받고 있는 셈이다. 그래도 호기심 많은 관광객에게 불티나게 팔려 높은 부가가치를 창출하고 있다.

폭우에 산자락 곳곳이 깎이거나 흘러내려 흉물스럽게 망가진 모습을 드러내고 있다. 심지어 로프웨이도 운행을 중단하고 대대적인 보수공사에 들어갔다. 세심하고 준비성 많은 일본인이다. 그러나 기습적으로 공격한 자연의 힘 앞에서는 두 손을 잡아맨 듯 어쩔 수 없는 한계를 느꼈던 모양이다.

소매치기 한국인거리

하코네 지방의 관광을 끝내고 이제는 도쿄다. 2시간 30분은 달려야 한다. 그들의 추석명절 주간이라더니 고속도로가 다소 막혔다. 그러나 그들은 조용조용 달렸다. 그들은 검소함이 몸에 배고 기본 질서를 지키며 그런 중에도 자존심과 긍지를 지니고 있다. 도쿄의 거리는 웅장했다. 그러나 깔끔했다.

사람들은 거의 보이지 않았지만 지하에서 지상으로 다시 고가도로로 거미줄처럼 연결되어 차들이 열심히 내달렸다. 작은 운하도 보였다. 신주쿠(新宿)의 한국인촌으로 갔다. 그 화려한 시내와는 달리 좀은 촌스럽다고나 할까. 어딘가 궁색한 모습이다. 〈소매치기다발지역〉 이라는 보도의 입간판이다.

얼마나 극성을 피웠으면 한국인의 얼굴 같은 곳에 세워놓았을까 싶다. 깨끗하던 거리와 달리 어수선하다. 도로변 상가 앞에는 잡품이 수북하고 담배꽁초에 음료수통이 널려있다. 자전거까지 무질서하게 세워져 지저분하게 보일 수밖에 없다. 예까지 와서 살아가기 피눈물 나겠지만 대뜸 비교 된다.

첫눈에 보기에도 조국에서 못된 습관 못된 버릇으로 버릴 것은 버렸어야 하는데 뭐 그리 좋은 거라고 아직껏 가슴에 끌안고 있나 싶었다. 일본 거리에서 같은 방식으로 살아가려니 많은 눈총을 받았을 것이다. 어쨌거나 한국인거리서 한국인이 경영하는 점포나 간판을 보니 반가움으로 다가왔다.

저녁식사는 김치찌개를 주문하였다. 하나같이 맛이 있다며 모처럼 제대로 된 음식을 배불리 먹었단다. 불과 몇 날 몇 끼니나 되었다고 그토록 야단법석을 피울까 싶기도 하다. 그러나 이것이 우리네 식성에 잘 맞는 음식문화이고 정서인 것을 어찌 하랴. 밤거리는 대체로 가로등까지 어둑어둑했다.

황거(皇居)

8월 15일 아침이 훤하게 밝았다. 일본인 그들에게 추석이자 패전기념일이라면 대한민국 우리에게는 8.15광복 기념일이다. 그런데 마음이 더 착잡한 것은 누구의 슬픔이며 누구의 눈물일까, 혹은 누구에 넘친 기쁨의 눈물일까? 새벽부터 부슬부슬 비가 내린다. 태풍이 일본열도를 향해 올라오고 있다.

간밤에는 시내에서 정전사고로 140만여 가구가 더위 속에 불편을 겪었다고 한다. 아무래도 티브이 톱뉴스는 우리나라와 중국이 그토록 반대함에도 일본 총리가 퇴임을 앞두고 기어이 전범들의 위패가 있는 야스쿠니신사(靖國神社)에 참배하는 문제로 일본에서도 찬반으로 엇갈리면서 시끌벅적하다.

천황이 산다는 황거로 나섰다. 본래 도쿠가와이에야스가 400여 년 전에 산악지대인 북방을 평정하기 위한 전진기지로 쌓았던 에게성이다. 150여 년 전에 교토에서 신흥세력이 기존세력을 밀쳐내며 천황을 이끌고 도쿄로 천도하였다. 그러나 천황은 막부정치 이후 실권 없는 상징적인 존재일 뿐이다.

도쿄 한복판 금싸라기 땅 3만여 평의 성 주변에는 해자(垓字)를 설치하여 외침을 대비하며 백조가 노닐게 하였다. 지금은 대부분 공원화되었으며 한 쪽에 도로가 생겨나고 차들이 관통한다. 공원은 분재처럼 재치 있고 아담한 해송(黑松)에 잔디를 필드처럼 곱게 가꾸어서 시민들의 휴식처가 되었다.

끄트머리 안쪽 저택입구에 석교와 철교로 만들어진 이중교(二重橋)가 있다. 천황이 일 년에 두 번쯤 공개적으로 모습을 나타낼 뿐 평소에는 접근이 금지된다. 마네킹 같은 경시청소속 경비원의 보초 속에 천황이란 이름으로 사육되는 그야말로 외부와 단절된 아니 고립된 생활을 하고 있는 셈이다.

근래에는 8.15 광복절을 아주 의미 있게 맞았다. 백두산 천지에서 발 담그고 손을 씻어보았는가 하면 만주벌판 청산리를 달려보았다. 상해임시정부청사에서 김구 주석의 흉상을 뵈웠고 윤봉길 의사의 매헌을 찾아 그날의 의미를 되새겨보기도 하였다. 이제 천황의 저택 앞에서 만세삼창을 외쳐 본다.

잔디밭에 바싹 마른 참새 몇 마리가가 노닐고 있다. 참으로 측은한 마음이 들면서 퍼뜩 저택을 바라보았다. 저기에 있을 천황 또한 크게 다르지 않으리라는 생각이 얼핏 스쳐 지나갔다. 겉보기에는 아주 화려하고 널찍해도 조롱에 갇힌 새다. 새장 밖으로 나와서 마음대로 울어보거나 날아보지도 못한다.

그야말로 창살 없는 감옥이라고 밀폐된 새장에서 슬금슬금 담장 밖으로 살금살금 눈치나 보아야 한다. 그 누구와 마음대로 어울리지도 못하고 이따금 외쳐대는 천황이라는 소리에 만족해야 한다. 이따금 찾아와 내미는 정부고관의 중요한 서류에 좋든 싫든 내색 없이 서명하여야 한다. 수시로 휘감겨들 적막을 숙명처럼 삼키며 외롭기 짝이 없을 꼭두각시놀음을 해야 한다.

여행지에서 돌아오며

모든 일정을 마치고 돌아가야 할 시간으로 1시간 30분여 분을 나리타국제공항으로 버스가 내달린다. 공항입구에서 경찰관들이 일일이 차량검문을 한다. 항공기 테러범들이 잡혔으나 일부 끄나풀들이 남아있을지도 몰라 바짝 긴장하는 모습이 역력하다. 수하물을 부치고 출국심사대 앞에 섰다. 다시 엑스레이 검사대를 통과하는데 동행자가 걸려들었다.

신발을 벗고 소지품을 내놓으며 재점검하여도 여전히 석연치가 않다. 검사원이 입안이며 다리 사이, 아래 위 배로 정밀 검색을 한다. 그래도 원인을 찾지 못하고 결국은 그냥 통과시켰다. 앞서 가다가 되돌아보는 사람이나 뒤에서 순서를 기다리는 사람이나 많은 시선을 의식하였음인지 멋쩍음에 붉어진 얼굴로 정말 알 수 없는 일이라고 중얼거린다.

예정된 시간에 김포국제공항에 안착하였다. 트랩을 나서는 순간 환영이라도 나온 양 열기가 확 달려든다. 아직 여름이 끝나지 않은 것이다. 이제 외국인 신분으로 출발하여 내국인 신분으로 입국수속을 밟고 수하물을 찾았다. 대전까지 전용버스로 달려가면 된다. 불과 며칠에 지나지 않으면서 지루하게 여겨지기도 했지만 뭔가 분명히 보고 또 느꼈다.

우리 하늘이 일본보다 더 맑고 푸르며 우리 강산이 일본보다 더 푸르고 아기자기하니 오밀조밀함을 알았다. 우리의 밥맛이 일본의 밥맛보다 더 좋고 우리의 잠자리가 일본의 잠자리보다 더 편안한 것을 알았다. 우리의 거리 우리의 차들이 일본보다 더 정감이 묻어남을 느꼈다. 우리의 젊은이들이 더 생기발랄하고 늠름하니 잘 생겼음을 알 수 있었다.

그립데 정말 자꾸 그립데
불과 며칠 지났다고
외국 하늘 아래
버드내 초록마을이
내 집이 사뭇 그립데
틈이 나면 퍼뜩
놓칠세라 달라붙어
그리움인 양
오래 된 친구처럼 그립데.

— 그리움인 양

여행은 떠나는 순간부터 불편함이 더 많다. 여행은 처음엔 보다 낯설게 하고 상처받기 위해 떠나지 싶다. 그래야 보다 많은 것을 느끼고 보다 많은 깨달음을 챙긴다. 일상에서 훌훌 벗어나 자신을 돌아보는 계기가 된다. 이것저것 서로 비교도 하고 때로는 반성하며 생각지 않게 많은 것을 얻는다. 미처 생각지 못했던 새로움을 은연중 찾아내는 것이다.

처음에는 낯설고 불편함에 서먹서먹하니 경계심 같은 것이 생겨나기도 한다. 하지만 같은 목적으로 같이 행동하며 숙식을 하기에 쉽게 동질화될 수 있는 것이다. 시간이 흐를수록 간격이 허물어지면서 보다 친근감을 느끼기도 한다. 비록 짧은 기간이라도 헤어질 때는 좀은 서운한 감정을 담기도 한다. 추억을 만들면서 슬그머니 그리움이 되기도 한다.

여행은 즐거움만이 아닌
낯설고 상처 받기로
다시 되돌아보며
얻는 깨달음
버릴 것은 버리고
채울 것은 채워가며
돌아올 때쯤
말끔히 아문 상처
보람과 추억으로 담기는.

— 여행은 상처받기

잠시 되돌아본다. 연일 치닫는 폭염 속의 열대야를 벗어나 김포국제공항에서 나리타국제공항으로 껄끄러운 나라 일본에 입국하였다. 가슴 속에 씻기지 않는 감정이 도사리고 있기 때문일까, 어찌 보면 가까우면서 아직도 먼 나라였다. 신승사에 들렀다가 갑작스런 소낙비로 생각지 않았던 친절의 진미를 맛보았다. 일본인, 그들의 영산 후지산에 올랐다.

한적한 전원온천에서 마음의 때를 말끔하게 씻어 내렸다. 하코네 아시호수에서 유람선을 즐기고 로프웨이를 타고 산에 올라 저 멀리 바다까지 조망을 하며 유황계곡을 돌아보았다. 도쿄 신주쿠의 한국인 거리를 돌아보며 어딘가 어수선하다는 느낌에 좀은 안타까움이 앞섰다. 황제가 산다는 황거에서 8.15 광복절에 마음으로나마 만세삼창을 외쳐 보았다.

여행은 떠날 때는 다소 떨떠름했어도 돌아올 때쯤이면 어느 형태로든 나름대로 정리되면서 뭔가 새롭게 채워진다. 이에 더 큰 만족과 보람으로 이어지는 것이다. 새로운 활력소가 되어 활기차게 열어갈 원동력이 되기에 여행의 묘미가 담뿍 묻어난다. 아주 가끔일지라도 여행을 떠나야 한다. 얻는 것이 없으면 버리기 위해서라도 훌쩍 떠나야 한다.

하카타와 쿠마모토

먼 길을 떠날 때는 그저 날씨가 좋아야 제격으로 마음이 놓인다. 일정이 꽉 잡히면 거추장스럽게 비나 눈이 내려도 떠나야 한다. 세찬 바람이 불어도 가야 한다. 한참 잠이 들어 고요해야 할 시간에 버스에 꼿꼿하게 앉아 흔들거리며 잠을 청해 보아라. 여간해서는 쉽게 잠이 오지 않는다. 그도 익숙해져야 비로소 군소리 없이 사르르 잠에 들 수 있다.

집을 떠나면 낯가림으로 푹신한 침대도 불편하여 뒤척거리는데 어쩌란 말이냐. 그래도 그것이 여행이다. 편안하게 쭉 다리 뻗고 자려고 떠나는 것이 아니다. 때로는 불편함을 이겨내는 연습처럼 꾹꾹 참아야 한다. 이런 고통스러움을 걸러내는 것이 여행이다. 부산을 출발하여 3시간쯤 되니 규슈의 후쿠오카 하카다항이다. 기온은 제주도와 비슷하다.

저만큼 일본 최초의 개폐식지붕으로 건설되었다는 돔구장이 우람한 모습으로 들어온다. 이곳은 일찍이 나가강을 중심으로 서부지방의 후쿠오카(福岡)와 동부지방의 하카타(傳多)라는 상인지역이 하나의 도시로 형성되면서 명칭을 나누어 붙이게 되어 후쿠오카이면서 하카다항으로 좀은 헷갈리는 양상을 띠고 있었다. 지역적 이기주의인 셈이다.

일본은 백제문화의 영향을 많이 받았다. 백제의 아직기에 이어 왕인 박사가 일본으로 건너가 처음으로 글을 가르쳐 기록까지 할 수 있도록 깨우쳤다. 따라서 왕인 박사는 아주 위대한 인물로 추앙받고 있다. 성씨까지 부여 받았으며 후손 중에는 걸출한 학자가 배출되기도 했다. 그의 학문을 높이 기리며 세워진 태재부천만궁(太宰府天满宮) 신사이다.

겨울 속 봄날 같은 날씨에 마침 일요일이다. 일본은 다음 달이 입시철이다. 마치 성지를 순례하듯 수많은 사람들로 몹시 붐비어 비집고 다녀야 했다. 일본도 자녀에 대한 열의가 대단하여 입시합격을 기원하는 부모의 절절한 마음을 읽을 수 있다. 그 의식의 하나로 간절한 마음을 손바닥만 한 나무판에 합격축원 글귀를 써서 달아놓기도 한다.

신사에는 돈 있는 사람은 성금을 듬뿍 낸 접수증을 들고 당당하게 제전 앞으로 나아가 축원을 하고 받을 수 있다. 그러나 일반인은 제전 앞에 큼지막한 통에 동전 몇 개를 던져 넣었다. 잠시 고개 숙여 축원하며 딱딱 두 번 박수로 확인이라도 하는 성싶었다. 수백 년 된 상록수 녹나무에 문부성에서 천연기념장(天然記念樟)을 받은 나무도 있다.

남악산 동장밀사를 찾았다. 일본에도 사찰은 있으나 우리의 사찰과는 사뭇 달랐다. 어디에도 스님은 찾아볼 수가 없다. 세습을 하는 대처승으로 평소에는 개인생활을 하다가 예약을 하여야 식전에서나 만나볼 수 있다. 대웅전 격인 법당 중앙에는 관 안에 천수관음상이 있고 그 좌측에 지옥의 부동명왕(不動明王)을 모셨으나 가까이 다가갈 수 없다.

평소에 낯을 익혔다가 혹시 사후 지옥에서 만나도 당황하지 않도록 하는 배려를 하며 우측에는 홍법대사(弘法大寺)를 모셨으니 3위를 나란히 배열하였다. 옆 건물에는 엄청난 규모의 대불이 있다. 대불 뒤편을 돌다보면 처음에는 지옥에 떨어져 심판을 받는 장면에 이어 아주 깜깜한 토굴이다. 절망의 밑바닥에서 헤매며 자신을 돌아보고 반성하는 시간이다. 아찔하니 많은 생각을 되돌리게 하는 아주 긴 시간이기도 하다.

더듬적거리며 한 발 한 발 아주 조심스럽게 앞으로 헤쳐 나가다보면 어느 순간에 다시 환한 빛이 밝아오며 부처님의 인자하고도 밝은 미소를 만나게 된다. 이로써 지옥을 헤매다가 비로소 천당에 이르렀음을 깨닫게 한다는 지옥과 천당을 경험하는 코스로 매우 이색적이다. 어둠 속에 빠져들었을 때 좀은 섣뜩하면서 뭔가 모를 뭉클함이 일었다.

후쿠오카에서 구마모토 가는 길은 시원하게 뚫렸다. 일본은 혼슈, 규슈, 홋카이도, 시코쿠의 4개 섬의 본토에 크고 작은 4,000여 개의 섬이 길게 늘어서 이루어진 섬나라이기에 열도라 부른다. 동경도(東京都), 북해도(北海道), 경도부(京都府), 대판부(大阪府), 43개 현(縣)으로 구성되어 지방자치제를 실시하고 있다. 들녘은 농로까지 포장을 했다.

구마모토 성은 오사카 성, 나고야 성과 함께 일본의 3대 성으로 꼽힌다. 임진왜란 당시 왜장으로 악명이 드높았던 가토 키요마사(加藤淸正)에 의해 전란 후 7년여에 걸쳐 축성되었다. 가등청정이 잠시 진주성에 갇혔던 일이 있었는데 그 당시 우물이 없어 몹시 어려움을 겪었다고 한다. 가등청정은 축성을 하면서 성내에 100여 개의 우물을 팠다.

전란 중에 잡아간 조선인을 강제노역에 동원하여 수많은 희생자를 냈다. 비록 400여 년이 이미 훌쩍 흘러갔다고는 하지만 어딘가에는 한에 절은 원통한 피눈물 자국과 함께 영혼이 떠돌고 있지 싶기도 하다. 난공불락을 자랑하였지만 1877년 메이지(明治) 신정부에 반대하던 내란(西南戰爭)으로 내부의 건물은 대부분 불타 최근에야 복원하였다.

복원이나 보수를 하여도 원형보존에 힘써 사전준비 작업도 아주 철저하게 하고 있었다. 벼락 맞은 은행나무로 알려진 곳에도 복원을 하고 있었는데 거창한 건축물을 신축이라도 하듯 외관 보조공사에 절로 눈길이 쏠렸다. 천수각(天守閣)은 단연 압권이었다. 5층 내부는 층층이 전시된 물품들이 바로 하나의 구마모토 역사를 대변하는 박물관이었다.

한국의 성은 수성으로 깊은 산자락에 계곡과 함께 하였다면 일본은 오직 성주를 위한 성으로 평탄한 곳에 돌담을 쌓고 하천을 끌어 호수를 만들며 푸른 장목으로 뒤덮었다. 자연지형에 곡선까지 살려 겉모습이 화려하고 아름다운 자태를 간직하며 웅장한 모습은 밤하늘과 조화되어 동화 속 하얀 성이 되어 공중에 떠있는 듯 착각에 빠져들게 한다.

이처럼 군주나 성주를 위하여 백성은 한낱 하나의 소모품에 지나지 않았을 것이다. 오로지 군주나 성주만이 화려하게 살아남아 세상을 호령하면 되기에 2차 세계대전을 치루면서 국가나 천황을 위해서라면 초개처럼 기꺼이 목숨을 내던졌을 것이다. 비록 상징적이긴 하지만 지금껏 천황을 자랑스럽게 여기며 떠받들 수 있는 근간이 되었을 것이다.

일본은 우리와 지리적으로나 역사적으로 아주 가깝고도 밀접한 관계를 맺고 있다. 그러나 국민정서가 뒤틀리면서 쉽사리 씻어낼 수 없는 응어리는 끝내 앙금으로 남아 숙적관계로 아주 가깝고도 먼 이웃으로 되었다. 너무 계산적이고 약삭빨라 얄밉기까지 하다. 억지에 턱없는 헛소리로 역사를 왜곡하며 군군주의 망상에서 벗어나지 못하는 것 같다.

아소에서 벳부온천

구마모토 현의 아소에는 활화산이 있는 화산지대로 온천이 성업을 이루고 있다. 아소팜 빌리지 호텔에 투숙하여 온천욕을 마음껏 즐기게 되었다. 온천은 자그마치 부지가 2,000여 평이나 되었다. 실내보다 실외의 각가지 탕들이 더 인기를 모았다. 수백 미터를 가면서 크고 작은 시설로 온천욕을 즐기기에 부족함이 없었다. 자연과 함께 하는 온천욕인 셈이다.

숙소 또한 에스키모인의 얼음집 모형 같기도 하고 요정들의 집 같기도 한 돔형의 별장은 다채롭게 꾸며진 별세계로 새로운 분위기를 연출했다. 별장마을 전용버스까지 운행을 하며 편의를 돕고 있었다. 벌러덩 누어서 천장에 뜬 하늘의 별도 바라보며 이국의 첫 밤을 맞았다. 저 별도 고향의 하늘에서 보던 별과 다름이 없지 싶은데 색다른 분위기에 젖어들었다.

아소(阿蘇) 시민은 지진과 화산폭발이라는 불안을 항상 가슴에 끌어안고 살아가는 나날이기도 할 것이다. 아주 가까운 거리에서 활화산이 끊임없이 활동을 하고 있어 실제로 보고 느낄 수가 있는 것이다. 지금껏 살아 활동한다는 아소산 활화산을 홍미 있는 볼거리에 호기심이 당겨 찾아 나섰다. 현지인에게는 다소 잔인하다는 마음이 들기도 하는 구석이다.

억새풀이 길길이 자라 누렇게 익어 숲을 이루었다. 도로변에 상록수를 가꾸며 새 모양으로 잘 다듬어 놓기도 하였다. 참으로 기발한 착상이며 솜씨 또한 만만치 않아 보였다. 마치 새들이 내려앉아 노닐다가 활개를 치며 날아오르려는 형상이다. 다만 가까이 다가가도 그 초록빛 새는 달아날 줄을 모를 뿐이었다. 곳곳에 눈이 남아있고 풀은 잔디처럼 작아졌다.

불의 나라 구마모토를 상징하는 아소산은 세계 제일의 규모를 자랑하는 칼데라화산이다. 광활한 초원과 산림이며 온천에 활화산 분화구를 안고 있는 아소산은 국립공원이다. 이미 30만 년 전에 지하에 가득 고여 있던 마그마가 폭발하며 9만 년 전까지 4번 분화하였다. 불과 30여 년 전인 70년대에 다시 폭발을 하면서 세상의 이목을 단숨에 끌어들였었다.

아소산(1592m)은 아소5악이라 불리는 다섯 개의 봉우리 중 네 개는 휴화산이다. 오직 나카다케(1323m) 분화구만이 지금도 꾸준하게 화산활동을 계속하고 있는 활화산 분화구로 관광용 케이블카를 이용하여 접근할 수 있다. 끓어오르는 용암과 힘차게 내뿜는 연기를 보고 싶다. 설레는 마음으로 케이블카에 올랐다. 몇 분 후면 그 현장을 볼 수 있을 것이다.

대전에서부터 데리고 간 가랑비였다
부산서 졸졸 따라온 바람과

현해탄을 함께 넘었다
고향 하늘에서 보던 별이었다
몹시 속이 쓰라려
용트림을 하는 아소 활화산
뭐가 뒤틀렸는지 끝내 돌아서버렸다.

— 아소산에서

그런데 아뿔싸! 가랑비가 축축이 내리는 날씨에 유독가스인 황산가스가 바람을 타고 갑자기 몰려온단다. 때문에 분화구에 접근은 너무 위험하므로 부득이 통제한다는 지시가 떨어졌다. 하필 우리 팀부터 관람이 거부되는 것일까. 불과 몇 분 차이로 면전에서 그냥 돌아서야 하는 아쉬움을 담아야 했다. 그냥 케이블카에 올랐었다는 것으로 위안을 삼아야 했다.

이역에서 불원천리 달려왔건만 접근을 허용치 않는 것을 어쩐다. 사람보다 한참 고수라고 할 수밖에 없는 자연이 하는 일이니 순순히 돌아설밖에 없다. 그렇다고 마냥 기다리고 있을 처지도 못되지 않는가? 섭섭한 마음일랑 내 자신이 부덕하다고밖에 그 누구를 탓하랴. 여행을 하다 보면 이처럼 현지사정 등으로 미처 예기치 못 했던 일들이 생겨나기도 한다.

그래 가끔은 아쉬움으로 남기기도 한다. 하기야 아쉬움이 있어야 미련으로 똘똘 뭉크러지고 그 미련이 더 찐한 충동감이 된다. 충동감은 다시 도전하는 힘을 만들어 내기도 하여 뜻이 있으면 언젠가 다시 길이 있을 것이다. 그만큼 마음속에 절박하게 담아두면 다시 찾아가야 할 명분이 생겨나 수월하게 다음을 예약하고 새로운 여행이 시작될 수도 있는 것이다.

이와는 상반되게 우연이다 싶은 행운도 가끔은 생겨나서 정말 뜻밖이다 싶은 일들을 접할 수도 있다. 이런 때는 그 기쁨이나 즐거움이 배가 된다. 이렇게 계획은 계획으로서 큰 틀을 유지할 뿐 잔물결처럼 자꾸 유동적일 수도 있다. 그래서 몸은 다소 피로하더라도 마음만은 즐거움 속으로 자꾸 빠져들 수 있는 모양이다. 원숭이 공연장으로 발길을 돌렸다.

앙증스럽도록 귀여운 녀석, 중간치, 큰 녀석 3마리가 조련사와 함께 나왔다. 네 발이 아닌 시종 두 발로 걷는다. 장애물넘기, 멀리 건너뛰기, 높이뛰기 등 묘기를 부린다. 꽤나 유연한 동작으로 거뜬하게 해낸다. 그만큼 피땀으로 이룬 성과이다. 꼬리를 척추에 매놓고 옷을 입혀 목줄과 연결하여 꾀를 부리거나 딴 짓할 낌새면 조련사는 잽싸게 줄을 당긴다.

순간 삼장법사와 손오공이 떠올랐다. 머리에 관을 쓴 원숭이 손오공은 삼장법사의 주문에 머리를 움켜잡고 떼굴떼굴 구르는 통증을 느끼며 살려달라고 애걸을 한다. 그렇게 손오공을 통제할 수 있었던 것이다. 이 원숭이들도 마찬가지다. 시키는 대로 말을 잘 들으면 칭찬이 따르지만 어깃장부리다가는 곧장 고통을 맛보아야 한다는 것을 수없이 겪었을 터다.

무대에 올라 관객으로부터 열렬한 사랑을 받지만 그의 삶은 송두리째 인간에게 조종을 받고 있는 셈이다. 묘기를 해냈다는 그 뿌듯함에 손(앞발)을 번쩍 쳐들며 짓는 표정은 가히 백미였다. 원숭이는 겁이 많아 똑바로 눈을 맞추거나 악수하더라도 살짝 손을 얹는 정도여야 한다. 입을 떡 벌리고 쳐다보면 당장 결투로 겨뤄보겠냐고 순식간에 험악해진단다.

온천으로 명성을 떨치고 있는 오이타(大本) 현의 벳부(別府)로 향했다. 불과 15만여 명의 인구가 연 4,000만여 명의 관광객을 맞아들이는 일본을 대표하는 온천지역이다. 잠시 언덕 전망대에 올라섰다. 한 눈에 바라보는 시내는 해안선의 굴곡을 타고 아주 환상적으로 아름다운 모습을 하고 있었다. 시내 산자락 여기저기에서 수증기가 끊임없이 솟아오른다.

행여나 지하에서 부글부글 끓어오르는 용암이 폭발이라도 하지 않을까 우려하여 인위적으로 파낸 구멍에서 내뿜는 수증기였다. 천연기념물이라 자랑하는 입욕첨가제 「유노하나」 재배지를 찾았다. 용암이 끓어오르며 열기를 쏟아낸다. 막을 짓고 그 열기를 받아 자갈에 짚을 깔고 방향 청량제를 깔아 천정에 맺혔던 수증기가 바닥에 떨어져 마른 흰 분말이다.

펄펄 끓는 온천수에서 수증기를 짙게 쏟아내며 주위는 짙은 안개 속 같다. 물은 코발트빛으로 아주 투명하다. 마치 지옥을 헤매는 것 같다하여 바다지옥이란다. 온천에 민물이 흐르는 웅덩이에 다슬기가 태연하게 온천욕을 즐기고 있다. 이웃에는 진흙탕에 핏빛을 방불케 하는 온천수가 황토진흙이나 철분이 많아 황산에 산화된 물빛으로 피지옥이라고 한다.

한 쪽에 온실을 짓고 온천수를 받아 원예재배 실험을 하고 있다. 우선 연꽃이 그 대상이었으며 열기에 바나나가 열리기도 하였다. 또 족욕탕이라 하여 따끈따끈한 야외 온천수에 발 담그고 피로를 씻게 하는 재치도 보였다. 온천수의 열기에 소철 야자수가 아름드리로 하늘이라도 찌를 듯하다. 이곳 벳부에서 다시 온천수에 몸을 담그며 하루쯤 쉬어간다.

일본 그리고 일본인

부산에서 후쿠오카까지는 200여 킬로로 3시간이 채 소요되지 않는 거리다. 왜정 암흑기에 애간장 도려내며 수많은 애국지사들이 넘나들던 현해탄을 건너고 있는 것이다. 쾌속선 타고 아주 편안히 국경을 넘어서고 있다.

검은 파도 더미가 연신 하얀 이빨을 드러내놓고 앙칼지게 덤벼든다. 순간 배는 뒤뚱거리며 몸부림을 치고 어질어질 메스꺼운 느낌이 든다. 그래도 배는 아무렇지 않은 듯 평정을 되찾고 잽싸게 물살을 가르며 내닫는다.

저만큼 수평선이 그려졌다. 어디선가 봄의 노래가 들려오고 있었다. 그러나 서두르지를 마라. 서두른다고 계절이 바뀔 일도 아니지 않는가. 아직은 겨울의 영역이 많이 남아있느니 좀은 느긋하게 기다리고 있어야 하리.

「교통문화」

일본의 자동차는 우리와는 달리 운전석이 오른쪽에 있고 좌측

통행을 한다. 하카다항에 내리자 제일 먼저 낯설게 다가왔다. 차를 타고 가면서도 익숙지 않아서 바깥을 내다보면 자꾸 헷갈리면서 불안함이 느껴지기도 한다.

차내도 다소간 좁았지만 도로 폭은 더 좁고 비교적 소형차를 많이 선호하는 편이다. 엄청난 세금부담이나 유지비가 이유겠지만 그보다는 우리가 필요 이상 과시 하고픈 마음이라면 그들은 실용성을 우선시하기 때문이다.

우리는 별 볼일 없는 사람도 호화 대형차를 몰고 다닌다. 그뿐 아니라 소형차를 마치 애증어린 눈으로 내려다본다면 그들은 오히려 소형차를 몰고 별 볼일 없이 호화 대형차를 모는 사람을 가증스럽게 여기는 것이다.

그만큼 남을 필요 이상 의식하거나 눈치보기식이 아닌 보다 뚜렷한 주관을 갖고 살아간다고 할 것이다. 굳이 보여주기 위한 것이 아니라 자기의 필요에 의해 자기의 분수에 맞게 선택한다. 그래도 당당하고 떳떳할 수 있다.

「주거문화」

거리는 바둑판처럼 미리 계획되어 잘 정리되었다. 차도와 인도는 엄격히 분리되어 아무데나 차를 주차하는 모습을 볼 수 없다. 곳곳에 크고 작은 주차시설을 갖추고 질서를 지키는 것이다. 도로는 너무나도 깨끗하였다.

갓 청소라도 한 양 아주 산뜻하였다. 골목이나 시장에 들어가 좀은 으슥해 보이는 건물과 건물 틈새 같은 곳을 들여다보아도 어디 허섭스레기 같은 것은 보이지를 않았다. 하천도 깔끔하게 정비되어서 맑은 물이 흘렀다.

여기저기 흩날리는 쓰레기에 틈만 있으면 어떻게든 비집고 물병이나 담배꽁초 같은 것을 마구 꾸겨 넣는 우리와는 사뭇 달랐다. 아무렇게나 던져진 쓰레기나 흩날리는 휴지조각 같은 것은 생각할 수 없이 깨끗하였다.

「장묘문화」

일본인은 중국과 같이 매장이 아닌 화장을 한다. 사찰에서 장례의식을 치루고 그곳에 납골을 모시기도 한다. 오랜 전통으로 당연하게 받아들인다. 같은 동북아시아 3국이지만 문화적 정서가 크게 다른 부분이기도 하다.

「종교문화」

우리나라에서는 많다 싶은 곳은 한 집 건너 볼 수 있는 십자가를 일본에서는 교회가 없으니 볼 수 없었다. 오직 토착신앙인 신도(神道)로서 씨족신과 고장의 수호신이 중심이 되며 국가나 황실 학파를 섬기기도 한다.

이들을 모신 신사(神社)가 전국에 십만여 곳이 넘는다고 한다. 일본인, 그들만의 독특한 믿음을 갖고 그 대상 또한 각양각색으로 평소 존경하는 인물일 수 있고 또는 자신이 평소 마음에 두었던 어느 형상일 수도 있다.

크고 작은 믿음의 장소를 볼 수 있다. 굳이 규모가 크거나 눈에 띄게 화려할 필요가 없는 것 같았다. 혼자 혹은 가족끼리 믿는 장소인지 아주 초라해 보이는 곳도 있다. 간혹 새끼줄을 띠우고 동전도 몇 개씩 놓여 있다.

또한 풍습인지 믿음인지 커다란 신사에서는 곧잘 하루의 길흉을 점쳐보기 위한 쪽지(50円)를 뽑아보기도 한다. 만약 길하다는 쪽지가 나오면 하루 동안은 즐겁겠지만 흉하다는 쪽지가 나오면 불안한 마음일 수밖에 없다.

그때는 액땜으로 그 쪽지를 다시 접어 인근 나무에 매달아 놓음으로써 그 나무가 자신의 화를 대신한다고 믿는다. 그리고는 몇 번이고 다시 뽑아가면서 길하다는 쪽지가 나와야만 그날을 기분 좋게 보낼 수 있는 것이다.

「음식문화」

일본인은 애초 수저 중에 젓가락만 있을 뿐 숟가락은 없다. 국물쯤은 그냥 그릇째 들고 후루룩 마시면 되는 것이다. 이것저것 모양내기로 많은 음식을 준비하였다가 그대로 남기기보다는 꼭 필요한 것 몇 가지면 충분하다.

밥보다는 반찬의 양이 아무래도 많은 편이지만 그래도 평소 우리가 먹는 양에 비하면 처음엔 감질날 정도로 아주 적은 분량이다. 남는 음식이라고는 거의 없었으며 따라서 그만큼 음식물쓰레기가 나올 리도 없는 것이다.

우리나라에서는 연간 음식물쓰레기 처리비용이 10조원 가까이 들어간다는데 일본인은 절약으로 간단히 해결하고 있는 셈이다. 식당에서 김치를 더 먹고 싶다고 추가로 시켰다. 우리처럼 인심 좋게 그냥 주지는 않는다.

고작 서너 젓가락이나 될까하는 양인데 4,000원(370円)을 계산하는 것이다. 싹싹하기는 하지만 아주 냉정하도록 철저함을 보인다. 그래도 짙은 향내에 느끼한 중국식과는 달리 단출해도 오밀조밀하게 꾸민 식탁이었다.

「생활문화」

백화점에 들러보았다. 그곳도 불경기인지 손님이 거의 없는 한산한 모습이었다. 세일판매도 하고 있었다. 상품을 보면 그리 호화스러운 것보다는 수수하고 저가의 물품이 대부분이었다. 완전 서민을 위한 백화점 같았다.

자기의 상점 앞에도 자판기를 설치하는 자판기 생활문화가 활성화되고 있었다. 과일 하나 채소 한 묶음도 품질별로 가격표시가 되어 있었다. 가격을 턱없이 속여 덤터기 씌우거나 깎자고 티격태격 할 일은 없어 보였다.

소비자는 그냥 상품의 질이나 선호에 따라서 선택하면 되는 것이다. 상가는 대개 저녁 8시면 철시를 한다. 필요 없이 밤늦게까지 전깃불을 환하게 밝히거나 서성거리도록 부추기지를 않고 가정생활로 돌아가는 것이다.

서민들이 사는 주택은 자그마하다. 예부터 궁핍한 생활은 궁상맞은 살림에 딱히 뭐 하나 변변한 물건조차 없었을 것이다. 이웃간에 터놓고 사는 것이 습관이 되어 지금껏 울타리 하나 없이 옹기종기 모여살고 있나보다.

비록 좁은 공간에도 꽃을 가꾸고 조경을 짜임새 있게 하였다. 역시 분재와 같은 축소지향적인 면에서는 일가를 이루고 있음을 볼 수 있었다. 신시가지 아파트보다는 외곽의 소규모 주택에서 조용히 사는 것으로 비쳐졌다.

일본인은 전통을 매우 중요시 한다. 아주 조그마하니 볼품이 없는 가게일지라도 몇 대를 이어온 가업이라며 굉장한 자부심으로 자랑을 늘어놓는다. 때문에 자연스럽게 가업을 승계하며 그 집안의 맥을 이어가는가 보다.

「유후인」이란 천연 온천지대는 민속촌으로 전통 민예마을이었다. 소박하면서도 아담한 서민생활의 면모를 들여다볼 수 있었다. 긴린호수는 따스한 물에 고기가 사는 아늑한 분위기로 시인묵객이 즐겨 찾는 곳이었다.

일본이라는 나라는 우리의 산야처럼 아기자기하고 그 굴곡의 선이 아름답기보다는 좀은 밋밋한 감이 들었다. 바람도 같으련만 좀은 남쪽이라 그런지 포근하였다. 빗줄기도 크게 다름없고 출렁거리는 바다도 다름없었다.

밤하늘에 별도 좀은 높이 뜬 감은 있었지만 결코 달라 보이지 않았다. 산에는 대나무 숲이 많고 소나무 대신 다른 상록수가 많아서인지 어딘가 나무와 풀들의 모양이 다소 낯설다는 느낌이 들기는 하였으나 같아보였다.

이처럼 자연은 사실상 크게 다름이 없어 보였지만 그 생활상은 아무래도 많은 차이가 있지 싶었다. 그것은 섬나라 일본인들의 오랜 세월 국민정서를 담아내는 전통이요 습관으로 이미 생활화된 문화이기 때문일 것이다.

흔히 일본은 부자여도 일본사람은 그렇지 못하다는 말을 한다. 우리는 나라는 가난해도 국민은 부자라는 말을 하기도 한다. 그만큼 우리국민은 씀씀이가 넉넉하고도 자유분방한 생활을 누리고 있다는 얘기도 될 것이다.

한국과 일본은 지형적으로나 역사적으로 아주 밀접하게 얽히어 가까우면서도 정서상으로는 아주 먼 나라다. 일본의 억지와 못된 행실은 그들을 왜놈이라 비하할 수밖에 없는 현실로 눈에 가시 같은 존재로 알씬거린다.

지난 일은 선인의 일이요 과거사로 지금에 와서 어쩔 수 없는 역사의 한토막이라 할지라고 잘못된 역사를 합리화하려 한다. 더 나아가 왜곡을 일삼으며 야비하고도 검은 속셈이 훤히 드러나는 일을 서슴지 않고 한다.

제3부

산, 발걸음 머무는 곳

오대산의 가을나무

오대산 백두대간 길에서 가을을 넘어 겨울을 준비하는 나무들을 본다. 여름내 무성했던 숲은 일 년 중 가장 튼실한 몸집을 지니고 있을 것이다. 물론 반복되는 계절에 순응하며 살아가는 모습이기도 하다. 원시림처럼 나무들이 자연스럽게 우거지고 보호를 받는 지역이기도 하다. 그러나 나무를 인위적으로 모양을 바꾼다거나 교정하지 않는다. 그냥 자연에 맡겨져 자유방임한 모습으로 모여서 살아가고 있다.

같은 능선 자락에 자라는 갈참나무, 떡갈나무, 신갈나무라고도 하던가. 큰 나무는 큰 나무대로 작은 나무는 작은 나무대로 그 생김생김도 사람의 얼굴이나 몸매만큼이나 다양하여서 똑같은 것은 없지 싶다. 나뭇잎에 가려졌던 나무들이 서서히 몸체를 드러낸다. 몸뚱이에 수없이 혹을 달고 있는 혹부리영감도 보이고 수없이 총탄을 맞았지 싶은 나무도 보이고 이리저리 비틀리고 꺾이고 일어선 브이(v)자도 있다.

산속에 나무라고 살아가기가 그렇게 쉽지만은 않았나 보다. 때로는 사람 사는 세상만큼이나 팍팍하였나 보다. 상처투성이로도 부족해 제대로 뻗어나지를 못하고 옹색한 삶의 모습이 그대로 드러난다. 어떤 나무는 병마에 시달리고 있다. 아름드리나무가 밑에서부터 썩어가고 내장을 다 파내었는가 하면 반쪽만 남거나 오징어 아니 손바닥 같은 가죽만 겨우 남아있고 등잔불만큼의 심지가 남은 나무도 보인다.

그래도 목숨은 존엄하고 숭고하다. 살아있다는 것만으로도 축복이고 행운인 모양이다. 그야말로 중증환자 같은 모습으로 어떻게 살아갈까 싶은데 구김살 없이 더 태연하니 삶을 즐기고 있다. 한 둥치로 자랐는가 하면 두 줄기 형제처럼 살아가거나 아예 대가족이 한 덩치가 되어 뽐내기도 한다. 한일자로 눕다시피 한 녀석에 비스듬하니 삐딱해 보이거나 남에게 아예 기대거나 의붓자식 곁가지로 자라기도 한다.

몇 아름드리 산중인으로 서있는 고목은 몸에 구멍이 숭숭 뚫려 바람이 드나들고 큰 구멍을 품고 있어 그 안에 무엇이 있는지 궁금증에 들여다보기도 한다. 아마 바람을 모으고 나그네 주고받는 이야기를 담아두었다가 어느 날 뜬금없이 '임금님 귀는 당나귀 귀'라고 내지르며 혼자 자지러지듯 웃어댈지도 모른다. 그러나 분명한 것은 서로 다투거나 이웃을 시기하거나 모함하지 않으며 오로지 제 삶을 살 뿐이다.

이제 겨우 10월초로 산간지역에 첫서리 내리고 얼음이 얼었으며 설악산 대청봉에 단풍소식을 전해오는데 이곳 대간도 천 고지가 넘다보니 성질 급한 녀석은 서둘러 단풍으로 물들어 신비함에 나그네 발길을 멈추며 눈길을 당기게 한다. 선선한 날씨에 말갛게 떨어져 숲으로 들어오는 햇살을 조명으로 받은 단풍이 그렇게 현란하게 곱고 아름다울 수가 없다. 지천일 때보다 '선택과 집중' 이란 말이 스쳐간다.

그래 가을에는 산에 올라 나무를 본다. 단풍을 보며 함께 타오른다. 인생을 되돌아본다. 연년세세 반복되는 단풍의 물결이지만 언제쯤 저처럼 곱게 물들어서 보는 이를 즐겁게 하며 감탄을 자아내게 할 수 있을까. 감은 너무 농익으면 흐물흐물하여 제 맛이 덜나지 싶다. 단풍도 너무 지나치면 오히려 볼품을 잃을 수도 있다. 그래서인가 좀은 설익었지 싶을 때가 오히려 싱그러우면서도 생동감이 넘쳐난다.

억새가 허연 머리를 흔들어 댄다. 세상사 모든 것을 비우면 저처럼 편안해질 수 있나 보다. 구절초 한 송이가 신선하다. 가을에는 열매도 꽃이나 단풍 못지않게 자신을 드러내며 사랑을 받을 수 있음을 새삼 느끼게 한다. 헉헉대며 두로봉 오르는 길에 마가목인가 열매가 때마침 새빨갛게 익어 온 나무가 한눈에 들어오며 돋보인다. 포도송이처럼 다닥다닥 붙은 열매는 어찌 보면 찔레나무 열매 같기도 하다.

두로봉에서 상왕봉으로 가는 능선은 앞의 동대산에서 두로봉에 오르는 능선과는 다르지 싶다. 이쪽 토질이 더 비옥한 탓인가, 나무들이 미끈미끈해 보이는 것이 귀티가 난다면 저쪽은 아주 어려운 삶에 궁색함이 뚝뚝 묻어나며 오종종함이 몸에 쩐 듯싶었다. 주목나무 군락지는 주변변화를 비웃듯 더 시푸르게 돋보이며 자작나무는 단풍과는 거리를 두고 특유의 흰 바탕에 거죽이 횡으로 거칠거칠 일어선다.

그러고 보면 숲이라고 같은 숲이 아니고 나무라고 같은 나무가 아니지 싶다. 그들만의 또 다른 세상이 있는 것이다. 비바람에 넘어진 나무도 있지만 천수를 다 누렸는지 벌러덩 넘어져 길목을 가로막고 있는 나무도 있고 둥치만 꿋꿋하게 서있는가 하면 아예 편안한 자세로 누워서 살점은 이미 발라내고 앙상하게 남은 뼈마디까지 온갖 풍상에 내놓고 갈고 닦고 허물어 시나브로 자연으로 돌아가고 있나 보다.

우거진 숲속에서 여름 내내 무슨 일이 있었는지 낙엽이 지고나면 서서히 드러날 것이다. 여기저기 산돼지들이 출몰하며 주둥이로 들쑤셔놓은 흔적이 고스란히 남아있다. 그들은 지금 어디에서 밤이 되길 기다리고 있을까. 풀이 죽은 작은 산새도 몇 마리가 보이고 아기 다람쥐가 길을 몹시 바쁘게 넘나든다. 다래넝쿨이 커다란 나무를 타고 올라가 나무를 휘덮고 있다. 깊은 계곡 물소리가 써늘하게 들려온다.

이제 불과 10여 일만 지나면 온 산자락이 발갛게 물들어 이글이글 타오르는 양 보일 것이다. 그러면서 한 잎 두 잎 이파리는 지고 앙상하니 몸통만 남아 결국은 혼자라는 것을 실감하며 겨울이라는 바람과 추위에 다시 몸을 단련하며 또 하나의 나이테를 감아갈 것이다. 고비를 넘기면 다시 찬란한 봄이 온다는 것을 알기에 눈이라도 푹 쌓이면 잠시 고단한 일상 추위를 잊고 동안거에 들 수 있을 것이다.

♬ 2011. 10. 04.

소금강의 가을

오늘은 오대산 소금강을 하류가 아닌 상류에서 거꾸로 내려간다. 계곡물에 곱디고운 단풍잎을 띄워놓고 래프팅하는 마음으로 타고 내려간다. 노인봉에서 오전에 내리던 가랑비가 멎고 빠끔히 올려다 보이는 하늘은 깊고 시퍼런 것이 하늘 우물이라고 부르고 싶어진다. 낙영폭포 인근 계곡에서 비로소 단풍다운 단풍을 만났다. 간간이 빠져드는 햇살에 물기를 머금은 단풍잎은 이글이글 윤기가 넘쳐흐른다. 저 타오르는 불길의 소리 없는 아우성 그 속에서 내가 헉헉 숨 막히게 타오르고 있다.

산은 단순히 산만으로는 재미가 덜하다. 계곡에 물이 넘쳐흐르고 바위로 병풍을 두르거나 오밀조밀 멋진 형상을 연출하며 그 사이사이 소나무가 같이 어우러져야 정말 한 폭의 그림을 만들어 낸다. 그런 곳이 바로 이곳 소금강이지 싶다. 과연 누구의 솜씨더냐, 저 바위를 보라. 온갖 비바람이 세월이란 시간을 타고 만들어낸 걸작이지 않는가. 저 도도한 물 흐름, 깊은 산골짜기를 울리는 저 낭랑한 목청, 고운 단풍 속에 더 푸르른 소나무의 지조 높은 절개, 어디 하나 나무랄 데 있다더냐.

물은 제멋에 겨워서 새들이 잠시 자리를 비웠어도 혼자 흥겨운 곡조를 읊고 바위는 만년을 같은 한 자리에 있지 싶어도 하나하나가 예술품으로 우뚝 서서 온갖 바람의 시샘을 끌어안고 나무는 계절 따라 새롭게 펄럭이는 옷자락에 찾아올 적마다 또 다른 풍경을 만들어 낸다. 갓 싹틔워 청순하기만 하던 이파리가 녹음으로 우거졌다 이제 곱게 아주 곱게 색동옷으로 물들어 황홀하기까지 하다. 한겨울이면 빈가지마다 금세 날아갈 듯싶은 눈꽃으로 다시 이국적인 풍경들을 만들어 낼 것이다.

우리나라에서는 아무래도 금강산 일대를 빼놓고는 산수의 경관을 논하기에 부족함이 많을 터이다. 그래서인가 고을을 지나다 보면 소금강이란 말을 보고 들을 수 있다. 이름에서 풍겨나듯 그만큼 빼어난 곳이란 의미를 담고 있을 것이다. 물론 전체적으로 따라갈 수는 없을지 몰라도 부분적으로는 버금갈 만한 자태를 뽐내고 있는 곳도 있다. 이곳이 바로 오대산 소금강이다. 웅장하면서도 수려한 경관은 이미 1970년에 우리나라 명승지 제1호로 지정된 곳으로 이름값을 톡톡히 할 것이다.

물길 따라 내가 흐르고 바람 따라 내가 흔들리며 산이 되고 끝내는 하나 바위가 되어 보리라. 저렇게 몇 시간쯤 묵묵히 앉아서 오고 가는 사람들을 지켜보리라. 무슨 이야기들을 털어놓나 엿들어 보리라. 아무려면 산을 욕하고 나무를 탓하며 바위에게 시비를 걸까. 물길을 마음대로 막고 불어오는 바람이 차갑다고 되돌리려 할까. 단풍이 마음에 들지 않는다고 자기 마음대로 색깔을 뒤죽박죽 칠해 놓을까. 사실은 아무 것도 할 수 없는 무기력한 사람들이 너스레만 쏟아내고 있을지도 모른다.

그래 무엇을 보고 듣고 느꼈는가? 무표정한 바위도 때로는 부드러운 선이 흘러내리고 주름 같은 굴곡이 있으며 특별한 형상으로 생명력을 불어넣지 싶다. 아무렇지 않게 흐르는 물이지 싶은데 우렁차게 목청껏 소리를 내지르기도 하고 돌 틈을 넘나들며 끈질기게 이어가고 있다. 한가롭지 싶은 나무들도 온갖 풍상을 겪어내며 넘어지고 비스듬히 기대며 찢기고 구멍이 숭숭 뚫리었다. 크고 작은 옹이를 지니고 있어도 저토록 천연스럽게 살아가는 것을 보며 생명력의 존엄성을 느끼기도 한다.

저 하나 가꿀 마땅한 자리가 그토록 없었던가. 하필이면 큰 바위에 혹은 절벽을 택했을까. 어디 빈틈이 있어 비집고 들어갔는지. 무엇을 먹고 무엇을 마시며 연명하고 몸집을 불려가며 의연할 수 있는지. 경외감과 함께 삶의 현장을 말로 표현할 수가 없는 엄청난 투혼에 그저 숙연해지지 않을 수 없다. 바람에 뽑히고 넘어진 큰 나무가 길을 가로로 막고 있다. 가죽이 벗겨진 통나무를 보노라니 이만저만 비틀린 것이 아니다. 얼마나 들볶이고 시달렸으면 온 몸뚱이로 막아내다가 저리 되었나 싶다.

살아가는데 자연이라고 수월하지만은 않을 것이니 바람이라고 무조건 피하려고 할 일이 아니다. 때로는 맞서서 부딪치는 거다. 그렇게 이겨내면서 단련되고 당당하게 일어서는 것이다. 그 속에 삶의 풋풋함이 담겨있고 정겨움이 묻어나며 살아가야 할 명분이 생겨나는지도 모른다. 보아라, 아주 강함 속에 부드러움이 있고 아주 부드러움 속에 끈질김이 있고 끈질김 속에 생명력이 있다. 구성원으로 나름대로 제몫을 다하고 있지 싶기도 하다. 자연도 주변과 함께 조화를 이룰 때 아름답다.

계곡은 비교적 여유가 있어 나무들이 많이 들어서 있다. 그 중에도 몸매를 자랑이라도 하듯 쭉쭉 뻗어 오른 금강소나무의 각선미는 말할 것도 없고 하늘을 떠받들 듯 치솟은 그 늠름함이 바로 한국인의 기상이지 싶다. 한눈에도 올곧음에 품위가 넘쳐난다. 물길은 광폭포를 지나고 삼폭포를 지나면서 수시로 돌과 부딪치고 바위 틈새를 빠져나오기도 하고 수없이 절벽을 뛰어내리며 하얗게 질렸다가 시퍼렇게 멍이 들지 싶지만 아무렇지 않게 전열을 가다듬고 있다. 끊임없이 흘러내리고 있다.

계곡물은 그냥 흐르는 것이 아니다. 쫄쫄거림부터 큰소리로도 부족해 냅다 고래고래 소리를 내지르기도 한다. 평탄하지 싶다가도 크고 작은 돌을 만나면 수없는 손길로 구멍을 뚫기도 하고 각진 모서리를 둥글둥글 뭉툭하게 다듬어 놓았다. 바닥에 깔린 너럭바위를 미끄러지듯 내달리다가 때로는 몸뚱이를 줄여 협곡을 이룬 바위 사이를 흐르는가 하면 소(沼)를 만들고 담(潭)을 만들어 잠시 주춤거리기도 한다. 하지만 오래 멈추지를 않는다. 동해바다를 가슴에 품었을까 미련 없이 돌아선다.

백운대, 저 큰 바위는 계곡 한가운데 너럭바위 위에서 작은 돌을 달구지 바퀴처럼 밑에 괴고 물이 넘치면 굴러갈듯 때를 기다리며 잠시 휴식을 취하는가. 호기심에 사람들이 오르락내리락 셔터 누르기에 바쁘다. 소금강에서 가장 아찔하고도 짜릿한 분위기에 멋진 바위들을 감상할 수 있는 만물상이다. 그중에 귀신 얼굴을 닮았다는 귀면암에서 아연해진다. 보고 느끼는 관점에 따라서 만 가지 모습을 하고 있지 싶다. 기우지만 앞으로 넘어지지 않을까 하는 마음에 조바심이 나기도 한다.

금강산의 귀면암과 이곳의 귀면암 그리고 우리나라 3대 폭포의 하나로 불리는 금강산의 구룡폭포와 저 아래 구룡폭포를 서로 비교하면서 이곳을 소금강이라 부르는데 손색이 없다는 것이다. 그만큼 빼어난 모습을 하고 있다. 물론 같은 듯 다르고 다른 듯 같은 모습을 하고 있기에 더욱 신기하기도 하고 헷갈리기도 하는 것이다. 구룡폭포는 어떤가. 쏟아지는 물줄기를 보고 듣노라면 속이 후련해지지를 않는가. 구룡소에서 나온 아홉 마리의 용이 폭포 하나씩을 차지했다는 아홉 개의 폭포다.

마의태자가 군사훈련을 시키며 밥을 해먹였다는 식당암(삼선암)은 얼마나 듬직하던가. 흐르는 물길은 또 얼마나 비장한가. 아직도 패망한 신라인의 한이 맺혀 있었던가. 천년을 훌쩍 뛰어넘어도 지울 수 없었던가. 하지만 그 누구도 끝내 입을 열지 않았다. 금강사 앞에 쏟아지는 물길이 연꽃으로 피어난다는 연화담이며 동서남북 계곡에서 흘러드는 물이 +자를 만드는 십자소는 또 어떻던가. 이처럼 무릉계곡은 수많은 볼거리에 가을은 단풍잎까지 띄워놓거나 얼비치며 불그스름하게 흘러내렸다.

♬ 2011. 10. 16.

가을비에 젖는 청량산

여름장마 이후 너무 가뭄에 시달린다더니 엊저녁부터 아주 작정하고 비가 내리나 보다. 그래도 기상대는 오늘은 비가 곧 갤 거란다. 아무래도 가을비인데 며칠씩 내리겠느냐고 자문자답을 하며 집을 나섰는데 산행초입에 다다르니 빗줄기는 더 세차진다.

좀은 난감하다. 그래도 몇 시간을 새벽같이 달려온 길인데 멈출 수 없어 우의를 입은 것으로도 부족해 우산까지 받쳐 들었다. 산행치고는 참으로 괴이한 모습들이다. 그런 와중에도 계곡에 단풍은 곱기도 하고 올려다 뵈는 산자락은 단풍이 절정이지 싶다.

가을비 주룩 주룩 내리네
곱게 차려입은 꼬까옷
흥건히 젖어
단풍잎 다 지겠네
울 엄마 잠 못 이루고
아침밥도 굶었는데
바람아 멈춰라
비야 그만 그쳐라

저러다 가을 그냥 가겠네.

— 가을비

입석(선돌)서 출발하여 접어든 발길은 응진전에서 16나한과 함께 봉안된 노국공주를 만난다. 홍건적의 침입을 피해 이곳에 피난을 왔던 고려조 공민왕의 흔적을 되새긴다. 저 밑에서 조망하면 아찔할 정도로 직립한 금탑봉 허리를 아무렇지 않게 걸어간다.

깎아지른 산자락에 청량사가 다닥다닥 붙었다. 최치원의 총명수를 만난다. 지난번에는 메말랐던 것 같은데 표주박까지 준비하였으나 선뜻 마시기에는 망설여진다. 김생굴을 거쳐 경일봉, 탑립봉에 올라서고 이제 낙타봉 같은 연봉들을 오르락내리락 하면 된다.

수많은 인재와 스님들이 수도한 명산답게 봉우리 이름도 탁립, 탁필, 연적, 보살(자소), 장인(의상)봉이다. 비에 흠씬 젖은 산길은 한가롭다. 물기를 잔뜩 머금은 단풍잎은 제 힘에 겨워하다 금빛 카펫을 깔아놓아 그 위를 밟고 가는 기분은 왕자가 된 기분이다.

비는 그칠 기미를 보이지 않는다. 우의를 입어 후텁지근하니 땀이 흐른다. 어디서 보리밥 냄새라도 몰려오는 양, 저 아래 계곡에 저녁밥 짓는 연기처럼 피어오르는 운무가 한 폭의 그림으로 살아 움직이고 있지 싶다. 그래, 어려서 자주 보았지 싶은 풍경이다

바위 턱밑에서 웅크리고 식사를 하며 웅성거리는 모습이 마치

새들이 비를 피해 처마 밑에 모여들어 짹짹거리는 모습과 크게 다르지가 않지 싶다. 식후경인데 어쩌랴. 그토록 당당하던 사람들도 일시적 날씨 변화에 무기력해져 마음의 날개마저 부러졌다. 날씨만 좋으면 단풍구경에 사람들로 북새통을 이루며 오가기에도 몹시 번거로울 텐데 인기척이 끊기고 주인이 없는 쓸쓸한 나무 층층계단에는 갈참나무 이파리가 신발짝처럼 쌓여서 빗물에 헹구고 있다. 아마도 저들이 진짜 발자국을 대신하고 있는 게다.

농익은 단풍지대를 지난다. 우산 위로 뚝 뚝 떨어지는 빗방울 소리가 마치 가야금이라도 뜯는 양, 묘한 분위기를 만들어 낸다. 숨이 턱 막히지 싶다. 눈은 황홀한 단풍에 빠지고 귀는 빗물소리에 빠지고 발길은 사뿐사뿐 그야말로 제멋에 빠져 환상에 젖는다.

청량사 유리보전에서 본존불로 모신 약사여래를 알현한다. 전각의 현판은 공민왕의 친필로 알려진 문화유산이다. 댓돌에서 주변을 조망한다. 오른쪽에 연꽃 같다는 연화봉이 우뚝 솟았다. 왼쪽으로는 처음에 오르던 금탑풍 바위벽이다. 역시 단풍이 아름답다.

저 아래에서 급하게 올라온 운무가 스치며 금탑봉을 휘덮어 베일 속 같다가 살짝 드러내놓는 모습이 또한 장관이다. 바위벽 사이사이 물들인 단풍에 햇살까지 환히 스며들면 저녁노을보다 더 붉게 타오를 텐데, 오늘은 거기까지 바라는 것은 과한 욕심이다.

최치원, 이퇴계 같은 수많은 인재들이 밤늦도록 글 읽던 목청의 여운이 아직 남아있지 싶다. 원효, 의상 같은 수많은 스님들이 불도 닦던 불경소리도 아직 남아있지 싶다. 청량산 청량사에 왔으니 마음까지 풀어놓고 차라도 한 잔 나눔세. 이것도 인연이 아닐까나.

'바람이 소리를 만나면…'은 경내 전통찻집이며 주지 지현스님의 에세이집 제목이기도 하다. 바람이 분다. 하루에도 수없이 소리가 들려온다. 바람이 소리를 만난다. 바람은 없어지고 소리만 남을까. 소리는 없어지고 바람만 남을까나. 아니 그냥 바람소리일까.

나와 내 아내가 만나 나는 없어지고 아내만 남았을까. 아니 아내가 없어지고 나만 남았을까. 그냥 쉽게 둘이 하나가 된 부부라 할까. 너도 아니고 나도 아니고 바람도 아니고 소리도 아닌 제3의 새로움이 만들어지는가. 스님의 오묘한 화두가 있겠지 싶은데.

스님은 다시 '사람이 살지 않는 곳에도 길은 있다'란 에세이집을 내놓았다. 비가 주룩주룩 내려도 가야 할 길은 있었고 단풍잎이 온 산을 붉게 물들여도 길은 있다. 네가 가지 않고 내가 가지 않아도 길은 있다. 길은 필요에 의해 언제든 어디든 만들어진다.

아직도 비가 내린다. 그동안 많은 비가 내렸다. 계곡물소리가 폭포 쏟아지듯 고래고래 소리를 내지르지 싶다. 오늘 같은 날 무슨 산행이여, 일갈하는 듯싶다. 기상대에서 날씨가 괜찮을 거라고 하여 믿고 왔는데, 그리 되었다고 변명 아닌 현실로 받아들인다.

요즘 사람치고는 정말 답답한 사람이로군. 그래 믿을 곳이 없어 기상대를 믿어. 참으로 어수룩하고 한심한 사람이로고! 또 한마디 들려오지 싶다. 발길은 이미 청량산 청량사 일주문을 나서고 있었다. 온 김에 청량산 청량한 공기나 한 배낭 짊어져야겠다.

♬ 2011. 10. 22.

지리산 피아골의 단풍

단풍하면 선입감에 우선 붉은색을 떠올린다. 물론 노란색깔도 있고 갈색도 있어 다양하지만 붉은색이 더 선정적이고 매혹적으로 한눈에 확 들어오는 화려한 색깔이기 때문일 것이다. 나무는 제 자신을 흔들지 않는다. 세월의 흐름 계절 따라 스스로 조절하여 이파리를 지운다. 그런데 심술궂은 비바람이 마구 흔들어대며 이파리를 마구잡이로 훑고 떨어댄다.

능선에 올라서면 이미 단풍이 지고 빈 나뭇가지로 남았거나 목이 말라 애태우다 져버렸는데 단풍 물결은 하루 다르게 아래로 줄달음치듯 번지고 있다. 온몸이 후끈후끈 황홀하도록 시각적 풍경에 푹 빠져들어 감탄을 절로 자아내게 한다. 바람이 강하게 분다고 단풍의 불길이 빨리 번지는 것도 아니다. 순리에 따라서 물이 흐르듯 단풍의 불길이 번져난다.

해마다 반복되는 단풍이지만 지난날은 까마득하게 잊고 다시 새로움 앞에 설렘으로 서있는 것이다. 시퍼런 잎이 어이하여 핏빛보다도 빨갛게 혹은 저토록 노랗게 물이 들었을까. 보고 또 보고 있어도 질리지 않는다. 한 폭 그림 속에서 놀고 있는 기분이 들기도 한다. 평소에는 대수롭지 않게 그냥 지나쳤는데 저리 고운 빛깔을 어디에 품고 있었을까 싶다.

단풍이란 무엇일까? 나무는 월동준비를 위하여 나뭇잎과 가지 사이에 떨켜층이 형성된다. 뿌리에서 충분한 물을 공급받지 못하고 잎에서는 계속 햇빛을 받아 광합성작용을 하는데 이때 생성된 양분은 떨켜층 때문에 줄기로 이동하지 못한다. 따라서 잎에 산도가 증가되면서 엽록소는 파괴되고 나뭇잎을 떨어뜨린다. 나름대로 임시 구조조정을 하는 셈이다.

붉은색 단풍은 엽록소가 파괴되면서 잎 속에 없었던 안토시아닌이란 새로운 색소가 합성되며 잎은 선명한 붉은 색깔이 되고, 갈색이나 황금빛 노란색을 띠는 참나무와 느티나무는 카로틴 외에 타닌이란 갈색 색소가 있기 때문인데, 은행나무처럼 노란색 단풍의 카로틴이란 색소는 엽록소가 파괴되어도 계속 남아있어서 푸른색에 가려졌던 노란색이 나타난다.

이처럼 나무들도 내면을 들여다보면 살아남기 위한 궁여지책으로 억지 이별의 버림이란 속앓이를 하는데 사람들은 화려한 페스티벌이 벌어졌다고 다투어 모여들어 야단법석을 떤다. 하지만 새봄이 되면 하나의 나이테를 늘리고 새 이파리를 싹틔워 아픈 상처를 씻어내고 꽃을 피우며 푸름을 내세워 희망으로 넘실거릴 것이다. 그렇게 반복된 삶을 살 것이다.

가을 산자락은 붉게 타오르며
그냥 버리려는 것이 아닌

자신을 지키기 위해
이파리 공양
피를 토해내고 있다
모두 내놓고 태우는 열정
희생을 승화한 의식
나는 언제쯤
저처럼 온몸으로 태워 보려나.

— 단풍

피아골은 삼도봉과 노고단 사이 동쪽에 불무장등, 서쪽에 왕시리봉 능선을 거느리고 발원한 물줄기가 모여드는 골짜기다. 남매폭포, 잠룡소, 삼홍소, 통일소, 연주담 같은 소(沼)와 담(潭)이 빼어난 자연미를 고스란히 담고 절경으로 이어진 피아골은 지리산 팔경 중 하나로 손꼽힐 만큼 아름다운 계곡으로 피서지뿐만 아니라 가을단풍이 널리 알려진 곳이다.

앞 산자락을 건너다보면 마치 잘 익은 술도가니 같다. 한 바가지 푹 떠서 걸러내면 걸쭉하니 맛 좋은 막걸리가 되지 싶다. 벌컥벌컥 들이켜고 어질어질 취하면 잡념을 떨쳐내고 세상이 보다 아름답게 보일까나. 한 번 불붙은 단풍은 소리도 냄새도 없고 그슬림도 없이 제멋에 겨워 정열적으로 타오른다. 시샘에 빗물을 끼얹었지만 오히려 기폭제가 되었다.

어디 산자락만 붉더냐. 계곡물은 어이하여 저리 붉게 흐르고 오가는 이마다 얼굴은 왜 상기되었느냐. 물론 어디든 나무마다 단풍이 들기에 꼭 높은 산, 명산만 고집하며 좋은 단풍이 있는 것은 아니지만 빼어난 경관에 산자락을 뒤덮은 고운 물색이 조화를 이루니 그 품새도 다르리라. 그래서 이곳 피아골 단풍이 한층

격을 높이고 칭송을 받고 있을 터다.

이곳은 본래 주민들 특히 연곡사의 승려들이 식량이 부족하던 시절에 오곡으로 불리던 '쌀, 보리, 조, 콩, 기장' 중 척박한 산간 벽지에서 쉽게 거둘 수 있는 기장을 많이 심어 배고픔을 달래며 연명하던 곳이다. 기장은 곧 피로, 피밭골(稷田)이라 불리던 것이 오늘의 피아골로 변형되었다고 한다. 실제로 직전이라는 마을이 지금껏 남아 이를 뒷받침하고 있다.

여기에 전설 같은 이야기로 임진왜란 때 영남에서 호남곡창지대로 넘어오는 관문인 이곳 석주관성을 지키려다 섬진강 푸른 강물이 붉게 물들도록 피를 흘렸고 또한 빨치산을 토벌하던 치열한 격전지로 피로 물든 역사를 안고 있다. 그때 흘린 피가 골짜기를 물들여서 피아골이라 한다고도 하니 그들을 추모하며 검붉은 피를 토하듯이 단풍이 들고 있나 보다.

낙엽이 휘날린다. 낙엽이 떨어지고 있다. 새들이 날아들고 나비가 날고 꽃비가 내린다. 낙엽은 꽃방석 꽃카펫이 되었다. 그 위를 밟고 가노라면 푹신푹신하여 산뜻한 기분에 짱이다. 졌다고 꽃이 아니랴 하듯이, 떨어졌다고 단풍이 아닐까나. 어떤 곳은 발등을 덮고 남을 만큼 수북하게 쌓여서 툭툭 걷어차며 갈 때는 어느새 장난기가 은근슬쩍 일어서기도 한다.

♬ 2011. 10. 25.

주왕산의 가을걷이 뒷모습

이제 아쉬운 시월을 접고 양력으로 소위 동짓달에 접어들었다. 결실의 계절에서 거둠의 계절도 막바지로 갈무리를 하고 있다. 경상도 깊숙한 내륙지방인 청송 주왕산의 주산지 입구 직전에서 좌회전하여 절골이다. 농익은 단풍은 제풀에 겨워 혹은 잔잔한 바람에도 눈발처럼 단풍잎을 휘날린다. 때로는 새떼가 내려앉듯 하고 때로는 나비가 날아오르듯 하면서 환상적인 분위기를 자아낸다.

계곡의 벽을 이루고 있는 기암괴석을 바라보며 단풍을 바라보고 졸졸거리는 물소리를 들어가며 징검다리처럼 이리저리 건너 굽이굽이 오른다. 그러나 그도 대문다리를 건너서면서부터 나무는 이미 홀로서기를 하고 있다. 여름내 무성했던 잎들을 곱게 물들였다가 하나씩 떠나보내고 빈가지에 건장한 몸통을 훤히 드러내놓고 꿋꿋하게 서있다. 버릴 때가 되고 비울 때가 되면 아낌도 미련도 없다.

막바지 할딱거리며 올라야하는 1km여, 가파른 작은 산자락이다. 갈참나무 잎을 바닥 돌 틈에 수북하게 깔아놓았다. 이따금 미처 지우지 못한 몇몇 나무의 잎이 유난스레 붉은 빛깔에 윤기가 감도는 단풍을 곁눈질하며 다소 위안을 삼는다. 그도 잠깐 우람한 소나무마다 몸통에 수난의 뼈아픈 지난날을 큼직한 이빨 악물고 드러내듯 흉측한 모습들을 하고 있다. 마치 훈장처럼 매달고 있지 싶다.

해방을 전후하여 몹시도 경제적으로 어려웠던 시절에 송진을 채취하기 위하여 긁어놓은 상처다. 지상에서 1m도 채 안 되는 곳에 가죽을 벗기는 것으로도 부족하여 뼈마디 같은 몸통에 갈기갈기 칼질을 한 자국이 지금껏 아물지를 못하고 있다. 상처가 적어도 60~70년씩은 지났으니 수령이 100년은 훌쩍 넘어선 소나무들이다. 아무렇지 않게 한 짓이겠지만 이제야 못할 짓이었음을 알리라.

뼈에 새긴 문신이 되어 죽는 날까지 눈을 감는 순간까지 치유되지 않고 그냥 안고 가야 할 숙명 같은 상처다. 하지만 지난날을 씻어내 모두를 용서하고 있는지 몸통은 굵어지고 괜찮아졌다는 듯이 푸름을 뽐내는 양 웃음을 지우지 않고 있지 싶다. 몸통을 들여다보고 나무를 올려다보며 본래 삶이란 것이 저런 것인가 싶으면서도 경외감에 안간힘을 쓰며 무거운 발길을 한 발씩 올려놓는다.

주왕산의 최고봉인 가메봉에 올라선다. 시원하게 들이닥치는 바람이 땀을 훑고 간다. 와~, 위에서 내려다보는 경관은 가히 일품이다. 이쪽이 절골 계곡으로 힘들게 갓 올라온 능선이다. 단풍이 온통 붉게 물들어 새로운 세상을 펼쳐 보인다. 그게 아닌데,

저토록 아름다운 단풍이 아닌 거의가 빈 가지였는데, 헛것을 보고 있지 싶기도 하다. 그래, 겉에서 보는 것과 속에서 보는 것의 차이점이다.

능선을 중심으로 북쪽은 월동준비를 마친 회색빛 산자락인데 남쪽은 한창 무르익은 가을 단풍의 계절이다. 그러나 속 다르고 겉이 다른 양면을 현장답사하면서 똑똑히 보고 느끼고 있다. 겉만 보고 감탄을 자아내다가 막상 그 속으로 들어가 보면 엉망진창으로 실망도 그만큼 커진다. 겉만 그럴듯하게 포장하고 있는 속빈 강정이다. 자연도 이런데 인간사는 더하다. 겉만 드러내려 발악을 한다.

내려다보기에도 아찔한 바위 끝 절벽에 진달래나무가 태연하게 자리를 잡고 빈가지만 남아있다. 너도 저 아름다운 경관에 취하였더냐. 가지 끝에 꽃망울이 잡혀있다. 지난여름 삼복더위 때부터 이미 꽃자리를 준비하고 있었던 것이다. 가을을 거쳐 겨울의 혹독한 바람과 추위를 이겨내야만 비로소 봄날 곱디고운 한 송이 꽃망울을 터트릴 수 있는 것이다. 꽃 하나 즉흥적으로 피운 것이 아니다.

이제 하산이다. 계곡으로 가파르게 내려간다. 굴참나무 군락지다. 거죽이 두툼하니 좀은 물렁해 보여 한 때 콜크 병마개로 쓰던 나무다. 계곡으로 물 흐름이 별로 좋지 않다. 심한 가뭄에 군데군데 단풍나무 잎이 바삭바삭 말랐다. 잎조차 떨어뜨리질 못하고 그냥 매달고 있는 모습이 안쓰럽다. 햇살도 마음대로 드나들지 못할 만큼 하늘이 빠끔하다. 물길을 건너며 오락가락 후리메기 삼거리다.

금은광이 가는 길목 언덕에 섰다. 길가에 놓였던 인조목의자에 벌렁 누워 하늘을 올려다보며, 흰 구름 둥둥 떠가는 모습을 보며 시심을 싹틔웠던 기억이 초롱초롱하다. 이십 년을 흘러간 내 문학의 발원지요 시발점이기에 즐겨 찾는 곳 중에 하나다. 지금은 아치형 만남의 다리가 놓여 인기를 누리고 있다. 계곡은 물 흐름이 밋밋하다. 한여름 발을 담그고 텀벙거렸는데 조금만 돌아서면 폭포다.

그냥 흐를 줄만 알았지 물이 어찌 감히 짐작이나 하였으랴. 불과 50m도 못 가서 천애의 절벽이 기다리고 있을 줄이야. 3폭포다. 하얗게 질린 물길이 시커멓게 멍이 들게 곤두박질쳤다가 밀려나며 다시 한 번 엉겁결에 자지러지면서 괴성을 토해낸다. 이단 폭포로 깊은 계곡을 쩌렁쩌렁 울리는 것으로 부족해 산자락을 흔들어 댔다. 비탈에 선 소나무들은 반쯤 겁을 먹고 잠시 한눈팔 수 없다.

그래서인가 소나무 잎이 유난히 짙푸르다. 푸른 소나무 곧 청송이다. 그 이름이 그대로 이 고을의 이름으로 굳어져 청송이 되었다. 다시 소나무들을 올려다본다. 시푸른 것이 건강미가 넘쳐흐른다. 과연 청송의 푸른 소나무지 싶다. 그러나 가뭄으로 물 흐름이 적어지면서 폭포도 가슴앓이를 한다. 2폭포에 가보면 안다. 물이 없는 폭포는 더 이상 폭포가 아니다. 폭포라기에는 좀 남우세스럽다.

1폭포로 간다. 폭포보다는 바위에 둘러싸여 새로운 세계를 만들어낸 바위숲에 들어섰지 싶다. 그 경관에 압도되어 잠시 넋을 잃었다가 바위를 비집듯 굽이돌아 신비감을 안고 흐르는 물길을 바라본다. 바위가 빚어낸 진경진수다. 우뚝우뚝 하늘을 떠받들고 솟아있다. 저 학소대에서 백학과 청학이 살았다지. 지금은 빈 집만 남아 옛 주인을 기다리고 있다지. 시루봉 앞에 앉아 전설을 듣는다.

이 경이로운 산자락을 석병산이라 하였는데 당나라에 패망한 중국의 주왕이 도망쳐 숨어들었다. 추격하던 당군은 신라에 주왕 일당을 소탕할 것을 주문하였고 사냥꾼을 피해 굴에 숨어 지내던 주왕은 끝내 피살되었다. 하지만 천 년이 흘러도 주왕은 죽지 않았다. 그의 발자취를 생생하게 남겼고 이름까지 바꿔 주왕산이란 산을 만들어 냈으며 정부는 1976년에 12번째 국립공원으로 지정했다.

이제 주왕산도 가을걷이를 끝내며 알몸의 뒷모습을 드러내기 시작하고 또 다른 모습으로 다가선다. 안동에서 주왕산 길가에 수많은 청송사과밭들의 가을 향기. 가을에는 사과밭도 꽃밭이 되고 단풍물결 못지않게 아름답다. 한참 소담스런 한 해의 결실인 사과수확에 마지막 땀을 흘리며 바쁜 일손을 놀리고 있다. 산속에서 나온 사람들은 단풍에 익고 주왕산 푸른 정기를 받아 밝은 얼굴이었다.

♬ 2011. 11. 01.

백양사 단풍축제는 끝났다

내장저수지를 지나 서래봉매표소에서 산을 오른다. 능선에 올라 부처님이 발견되었다는 불출봉을 지나 망해봉이다. 조망이 좋을 때는 서해바다가 들어온다는데 짙은 안개로 발밑에 계곡도 가늠이 안 된다. 한 마디로 뵈는 게 없다. 뵈는 게 없으니 겁 날 것도 없다고 하는데 산길은 결코 그렇지 않다. 단풍은 없다. 오늘이 입동으로 이미 정리가 끝나고 겨울로 들어서고 있다. 하지만 안개가 그 실체를 감추고 있는 게다.

소백산맥에서 갈라진 노령산맥의 줄기인 내장산은 신선봉이 주봉으로 산세가 말굽형을 이루며 양의 내장 속처럼 생겼다고 하여 붙여진 이름으로 지리산, 월출산, 천관산, 변산과 더불어 호남의 5대 명산으로 꼽힌다. 대전지역에 春 마곡 秋 갑사가 있다면 이곳은 春 백양 秋 내장이 있다. 연지봉으로 간다. 불출봉에 구름이 끼면 가뭄이 들고 연지봉에 구름이 끼면 비가 내려 금선계곡, 내장저수지를 거쳐 동진강이 된다.

까치봉으로 간다. 두 봉우리가 마치 까치가 날개를 펼치고 있는 형상이라고 한다. 그러나 간간이 까마귀 울음소리뿐 까치는 없다. 까치는 인가 가까이서 사랑을 듬뿍 받고 살아왔다. 까마귀는 까닭 없이 미움만 듬뿍 받고 산악지대로 밀려났다. 고구려의 쌍용총 벽화에는 삼족오(三足烏)가 등장한다. 태양이라 일컬을 만큼 아주 귀한 존재이다. 그런데 잘못된 선입감에 까치가 득세하고 까마귀는 저주를 받고 있지 싶다.

이제 신선봉 가는 갈림길에서 오른쪽으로 접어든다. 소죽음재를 타고 내려갔다가 계곡에서 신갈나무 낙엽이 능선자락에 수북하게 깔리고 툭툭 걷어차며 새로운 풍경을 만들어 낸다. 가뿐한 마음으로 순창새재에 올라선다. 정읍과 순창, 장성의 경계이고 내장산과 백암산 경계지점인 셈이다. 오른쪽은 입암산, 왼쪽 능선을 올라야 백암산 상왕봉이다. 백학봉으로 내려와 학바위서 계곡에 들어선 백양사가 한눈에 들어온다.

비자나무 숲을 지난다. 비자는 한 때 구충제 역할을 톡톡하게 해냈다. 백제의 사찰 백양사 뒷문으로 들어선다. 백암산고불총림 백양사다. 총림(叢林)은 일종의 종합사찰로 해인사, 통도사, 송광사, 수덕사와 함께 이곳 백양사가 5대 총림으로 불린다. 백양사(白羊寺)는 천상에서 죄를 짓고 하얀 양으로 지상에 쫓겨 내려온 축생이 스님의 금강경 설법을 듣고서 업장 소멸하여 천국으로 다시 돌아갔다는 데서 그 유례를 찾고 있다.

단풍은 뭐고 낙엽은 무엇인가. 단풍은 낙엽이 지기 전에 엽록소가 파괴되어 나뭇잎이 붉게 노랗게 혹은 갈색으로 변하는 과정이고 낙엽은 그 잎이 떨어지는 것이다. 그럼 낙엽은 어찌 될꼬. 나뒹굴다가 적당한 시기에 썩어서 흙과 뒤섞이면 영양분 등을 나무가 빨아들여 성장에 보탬을 주며 생명력을 이어가는 밑거름이 되니 새 삶을 사는 일종의 윤회와도 관련이 된다고 할 수도 있을까나. 그 다음에 또 그 다음에는…….

「이 뭣고?」 화두다.

그래 우리네 무지렁이 같은 서민이야 그저 보면 보이는 대로 들으면 듣는 대로 좋으면 좋은 대로 싫으면 싫은 대로 단풍이면 단풍이고 낙엽이면 낙엽일 뿐이지 뭐 그리 대단하다고 이러쿵저러쿵 하랴. 그 속에서 밥이 나오나 돈이 나오나 계절이 바뀌고 가을이면 으레 한 번쯤은 있어온 일이 아니던가. 비록 눈요기일망정 기분이 좋아 가슴을 덥히고 산을 홀라당 태울 듯이 활활 타오르는 가을날 단풍불길이 좋지 않던가.

경내로 들어서 뽕나무과에 속한다는 보리수나무를 바라보다가 물 한 모금 마시고 길을 나서며 백학봉 학바위를 올려다본다. 조금 전 저 위에서 이곳을 내려다보며 오밀조밀 아름답다고 느꼈었는데 지금은 그 위치를 바꿔 저 위를 올려다보고 있는 것이다. 막상 그 위에서는 저리 아찔한 절벽인 줄 몰랐다. 저토록 조화를 이루며 아름답게 비춰질 줄 몰랐다. 그래서 자신의 것보다 남의 것이 더 크고 좋아 보이는 걸게다.

수 아름드리 우람한 갈참나무가 즐비하게 들어선 길이다. 수령이 많게는 700년에서 얼마나 되는 것일까. 아직도 패기가 넘쳐흐른다. 이파리는 하나도 없이 올망졸망 감들이 불을 밝히고 있다. 그 가운데 까치집 한 채가 있다. 일찍이 배려와 나눌 줄 아는 농심은 감을 수확하며 까치밥으로 서너 개쯤 남겨놓는 여유를 보였는데 저 까치는 아예 감밭에 빠졌으니 복 받은 녀석으로 무엇이 부러우랴 되뇌며 일주문을 나섰다.

♬ 2011. 11. 08.

무등산의 만추

화순의 둔병재에서 가파른 산길을 오른다. 참나무 낙엽이 수북하게 쌓여 툭툭 걷어차기도 하고 밀치기도 하며 오르는데 자꾸 뒷걸음질 치려 한다. 양지쪽이라 햇살은 없어도 후텁지근하다. 오를수록 생태계 변화로 참나무에서 소나무 낙엽이 깔렸다. 교목에서 관목으로 바뀌며 진달래에 억새밭이다. 때 아닌 진달래꽃이 여기저기 피어 당혹스럽다.

계절을 잊은 이단아들인가. 갓 핀 듯 구절초가 청순하다. 나비 몇 마리도 난다. 저 나비에게는 내일이란 없다. 내일이 보장되지 않는다. 뒤늦은 아니 빨리 몇몇 꽃들을 찾고 한 줌 햇살을 줍는 거다. 온 세상 제 것인 양 훨훨 나는 거다. 굳이 가지려고 애쓰거나 무거워 내려놓을 것도 없다. 거기엔 경쟁자도 없다. 내일을 잊은 행복한 시간이다.

40분쯤 지나 안양산에 우뚝 올라선다. 시원한 바람과 함께 무등산 정상이 들어온다. 떡 벌어진 어깨에 군사시설물이 옥에 티처럼 박혀있지만 늠름하다. 올라온 길을 돌아보니 목말타던 생각이 난다. 무등(무동)탄다고 했다. 아버지 목에 양다리를 걸고 듬직한 어깨에 앉으면 새로운 세상이 펼쳐졌다. 아버지에 대한 무한한 믿음은 무서움도 없다.

무등산은 광주뿐 아니라 담양 화순까지 아우르며 높이 치솟아 그 높이를 헤아릴 수 없어 견줄 만한 상대가 없으니 굳이 등급을 따질 필요가 없다는 호남의 진산이다. 둥그스름한 산세는 정상을 중심으로 수많은 바위를 안고 특히 돌기둥을 정교하게 깎아 세워 놓은 듯싶은 주상절리 입석대, 수정병풍 같은 서석대, 기암괴석은 혀를 차게 한다.

무등호인(無等好人) 이라는 말이 있다. 더할 나위 없이 사람됨이 아주 좋은 사람을 지칭하는 말이다. 또한 무등은 그냥 등급이 없다는 것이 아니라 등급이나 차별이 없다는 의미를 담고 있으니 그 정도가 그 이상 더할 수 없어 아예 등급을 따질 필요가 없다는 뜻도 담겨있지 싶다. 즉 그 무엇과도 비교할 수 없도록 아주 특출함을 의미 한다.

하지만 우리 사회는 모든 것을 등급 등수로 따지려 한다. 엊그제 수학능력평가시험이 끝났다. 대학을 가기 위한 점수 즉 등급시험 등수시험이다. 경쟁의 시대이고 적은 자리에 수없이 밀려드는 수요를 감당하기 위한 최선의 수단일지 모른다. 현재는 달리 어쩔 수 없다지만 말 그대로 무등 무등급일 수는 없는 것일까 하는 생각이 들기도 한다.

이제 저 무등을 향해 가야 한다. 백마능선에 들어선다. 온통 억새밭이다. 시퍼렇던 대궁은 누렇게 농익어 금빛으로 변해가고 있다. 아직껏 흰 꽃술이 남아 흔들린다. 백마를 타고 흰 깃털을

갈기처럼 휘날리며 내달리는 기분이다. 저물어 가는 이 가을에 심란한 처자여 내 백마를 탄 왕자가 될 수는 없을까. 기다려라. 지금 열심히 내닫고 있다.

억새는 바람이 꽃술을 핥고 훑어내며 수없이 부대껴도 꺾이면 꺾였지 비굴하게 타협하며 사정하듯 무릎을 꿇지 않는다. 그것은 단순한 반항이 아니다. 중심을 꽉 잡고서 줏대를 잃지 않고 더 당당하니 꼿꼿한 자세로 줄기와 잎은 누렇게 익어간다. 으악으악 울면서도 제 자신을 태우고 있는 거다. 불평 아닌 현실을 직시하고 받아들이지 싶다.

멀리서 보면 앞 이빨 하나같은 암봉인데 생각보다 뾰족하게 일어선 바위들로 아찔아찔하니 긴장감에 새로운 맛이 난다. 장불재를 지나 입석대다. 화산이 치솟으며 용암이 흐르다가 식으면서 수축하여 생긴 바위들이 수천만 년을 거치면서 풍화되어 마치 5각8각으로 깎은 기둥처럼 서있다. 이보다 덜 풍화되어 병풍처럼 남아있는 것이 서석대다.

또한 단풍이 아니어도 좋고 나무가 없어도 좋다. 굳이 기암괴석이 아니라도 괜찮다. 오로지 큼직한 바위덩어리들만 모여 있는 너덜을 보라. 좀은 삭막하다 싶기도 하지만 남성답게 우직하면서도 힘이 불쑥 일어설 성싶기도 한 것이 또 다른 모습으로 성큼 다가오지 않는가. 언제부터 저런 모습에 언제까지 저러고 있을까나. 조금은 궁금하다.

비록 풀 한 포기 나무 한 그루 제대로 받아들여 뿌리를 내리게 하지 못하고 빗물조차 물 한 줌도 모아두지 못하여 새 한 마리 날아들어 깃들지 못해도 바람이 거침없이 질주한다. 달리 보여줄 것이 없지 싶은데 거칠 것 없으니 시야가 확 트여 숨통도 트일 듯 시원스럽게 드러내지 않는가. 산이라고 모두가 같은 모습만을 고집하면 어쩔까나.

무등산 옛길을 타고 내려와 중봉으로 간다. 10여 년 전만해도 군사시설물이 있었는데 이제 복원하여 억새가 가득 들어찼다. 중머리재에서 새인봉으로 향한다. 이제까지의 무등산 산행과는 전혀 다른 느낌으로 다가선다. 수없이 많던 억새밭에서 벗어나 소나무 숲길을 간다. 벼랑길을 내려다보며 태연하게 서 있는 소나무의 담력과 뱃심 끈기를 본다.

새인봉은 하나의 암봉이다. 마치 옥새와 같이 생겼다고 하여 붙여진 이름이다. 수십 길 수직으로 선 절벽이다. 자일을 타는 사람도 있다. 잠시 오던 길을 돌아본다. 안개로 좀은 흐릿하지만 중봉이 있고 너머로 서석대며 무등 정상의 모습도 들어온다. 저 길을 돌고 돌아 온 것이다. 무등은 말이 없다. 그러나 알 것이다. 찬바람에 옷깃을 여민다.

나무는 단풍의 화려함을 포기하듯 낙엽으로 아낌없이 지워 빈 가지가 되었다. 때로는 비워야 홀가분하고 자신을 돌아볼 수 있다는 것을 알았을까. 잠시 휴식을 취하며 빈자리를 채우기 위해 다시 일어설 수 있다는 것을 알았을까. 한 발 전진을 위해서 한 발 후퇴라는 말처럼 당장 겨울이 캄캄하지 싶어도 한 걸음 도약하는 발판이 될 것이다.

늠름한 무등산의 만추는 그렇게 화려하지 않았지만 그렇다고 초라하지도 않았다. 계절의 순환을 잘 알듯 질서정연하게 받아들이고 있었다. 서두름도 늦춤도 아닌 다시 내일을 기약하고 있었다. 내일에 대한 믿음이 있는 한 그들의 생명력은 결코 멈추지 않을 것이다. 오히려 사람이 발길을 재촉하고 마음이 불안한 양 쫓기듯 서성거리고 있었다.

♬ 2011. 11. 13.

운주사 천 불 천 탑

천 년 세월이 흐르며 어찌 부처님이라고 그 모습 그대로 간직하랴. 코가 문드러지고 귀때기가 떨어지고 가슴이 파이고 손이 잘렸다고 부처님이 아니더냐. 크고 작고 앉고 서고 옆으로 비스듬히 기울고 누워있거나 어느 한 곳이 부러져 가까스로 되새겨볼 수 있다고 부처님이 아니더냐. 훤칠하니 잘 생겼거나 박박 얽은 데다 못생겼다고 부처님도 차별하는가.

감실 속에 있고 논밭에 있고 산속 후미진 곳에 있고 바위 밑에 있고 혹은 바위 위에서 덩그러니 온갖 풍상을 다 맞고 있다고 부처님이 아니더냐. 바위에 새겨진 모습이 비바람에 깎이고 마모되어 흐릿하니 보일 듯 말듯 하다고 부처님이 아니더냐. 오로지 모두가 자신의 마음에 있을 터, 스스로가 간직하고 아끼며 또한 우러러 뵈올 일이 아니던가 싶기도 하다.

탑이라고 다르랴. 높게 쌓고 낮게 쌓고 크고 작고 무엇이 다르랴. 사각에 3층 5층 7층 9층이거나 원형에 다층이거나 주판알에 변형된 모습을 한다고 뭐 그리 다르랴. 쌓아올리던 그 정성 그

마음이 묻어있는 한 탑으로서의 몫은 다하는 것 아니랴. 그런데 천 불 천 탑 그 많은 부처님과 탑들이 누군가의 손길에 무너졌던가. 일부만이 남아 전설이 되고 있다.

하루의 역사로 끝내려다 닭울음소리로 그만 천불이란 그 거대한 꿈을 접으며 산기슭에 거꾸로 누운 부처님 와불은 언제쯤이나 훌훌 털고 일어서시려는가? 일어서는 날 불토정국이 이루어질 텐데 점점 멀어져만 가는지. 천 년의 부처님은 그대로인데 출랑거리던 수목은 한 번 지나친 불길에 모두를 태우고 숯검정이 되어 빗물에 그 흔적마저 지워가고 있다.

계절의 흐름은 그 누구도 막을 수 없었던가. 엄청난 화마의 풍파를 겪은 땅에도 계곡을 타고 흐르는 물웅덩이에는 봄을 재촉하듯 도롱뇽 알에 개구리 알을 풀어 놓고 어미는 어디쯤 숨어 사람 발자국소리에 깜짝깜짝 놀라는 모성애 안타까워 '나무아미타불 관세음보살' 불심에 젖어보려 열심히 거친 발바닥을 비비고 있을까나. 살아남은 질긴 인연의 끈이여.

어디 보이는 것이 모두 진실이랄 수 있는가? 그렇다고 보이지 않는다고 모두 꿈이랄 수도 없지 않는가? 그래도 흐르는 사계 앞에 혹독한 겨울을 치루며 이겨냈으니 응분의 대가를 받아내듯 찬란한 봄볕을 맞아야 하리. 한끝 안았던 꿈에서 벗어나 봄맞이 하세나. 손님을 맞으려면 집안 청소를 깨끗이 하고 주변 정리하듯 느리터분했던 마음을 털어내야 하리.

겨우내 푸르렀던 대나무 밭이나 소나무 밭에도 청량한 바람이 분다. 봄이 오는 길목에 가슴을 두드리며 묵은 찌꺼기를 털어내고 있나보다. 푸름 속에 더 푸름의 속살을 돋아내나 보다. 마음에 그리고 가슴에 부처님을 안고 탑을 쌓는 이여, 건성건성 아닌 온갖 정성으로 쌓아야 하리라. 바탕이 튼튼해야 무너지지 않느니 굳게 마음먹고 버팀목을 세워야 하리라.

♬ 2010. 02. 21.

고성 화진포에서

설악산을 오른쪽에 끼고 진부령을 넘는다. 왼쪽 향로봉 자락이 한 해를 거둬들이고 있다. 기초화장을 넘어 노릇노릇 울긋불긋한 기운이 확연하다. 전주들이 간혹 보인다. 저 전주를 따라 향로봉에 가던 일이 새삼스럽다. 산길에서는 미처 몰랐던 모습들이다. 올려다보는 산줄기가 굽이굽이 돌아서며 절벽을 이루듯 불쑥 일어선 봉우리들이 물들어가며 늠름한 위용을 뽐내면서도 곱상하기만 하다. 가을이 깊어가고 있다. 고성으로 접어들며 이미 추수가 끝난 곳이 많다. 그러나 아직 햇살이 따스하기만 하다.

이제 간성에서 오른쪽에 동해바다를 두고 북진을 한다. 거진이다. 연 이틀 너무 바람이 세차 배들이 내항에 묶였다. 때문인가 홍청거려야 할 포구가 너무 조용하다. 만선의 깃발은 고사하고 드나드는 어선조차 없는데다 오가는 관광객마저 드물다 보니 유령의 도시 같다. 어시장에서 회를 떠들고 식당을 찾아들었지만 분위기가 썰렁하니 괜스레 눈치가 보인다. 따지자면 일기 탓에서 시작되는데 순전히 내 잘못인 것 같은 착각에 빠져들기도 한다.

그래도 싱싱한 안주에 소주를 쏟아 넣으니 기분이 업 된다.

홍얼홍얼거리면서 대진으로 향한다. 화진포가 들어온다. 바다를 끼고 야트막한 산자락 끄트머리에 김일성별장을 찾는다. 이곳이 6.25 전에는 북한 땅으로 김일성이 하계휴양소로 사용하던 곳이다. 문외한이 보아도 주변의 경관이 정말 빼어나다. 해방 이후 조림하였다고는 하지만 금강송이 미끈미끈한 다리에 몸통을 뽐내며 꽉 들어차 있다. 소나무 숲이 무려 500만평 규모다. 바다는 코발트빛에 아주 맑고도 푸르른 물결로 끊임없이 출렁거린다. 앞쪽은 금빛 모래사장 해수욕장으로 이국적 풍경화를 만든다.

같은 단지 내에 한 시대를 주름잡았던 이기붕의 별장도 있다. 좀은 초라해 보이면서 바다를 돌아앉아 소나무 숲이다. 소나무는 떡잎 하나 없이 칙칙한 해송보다는 역시 조선소나무로 몸통에 불콰한 빛깔을 띤 금강소나무다. 이파리는 푸르다 못해 검은 빛이 감돈다. 숲은 하늘을 가릴 듯 뒤덮어 햇살마저 마음대로 드나들지 못한다. 산책로를 따라 거닐어 본다. 깊은 사색에 빠져들듯 싶지만 시간이 많지 않다. 잠시 접고 이웃한 이승만별장으로 향한다. 김일성별장에서 불과 600여m 거리에 지나지 않는다.

양쪽이 석호(潟湖)로 둘러싸였다. 석호는 바닷가에 사주(砂洲) 또는 산호초 등에 의해 바다와 분리되어 있어 비교적 낮고 잔잔한 물이 채워진 호수를 말한다. 이곳은 바다에 가까이 있지만 바다보다는 호수를 끼고 역시 금강소나무 숲에 자리를 잡아 새로운 맛이 난다. 약간 차이는 있지만 같은 시대에 김일성, 이승만, 이기붕 3인의 별장이 이곳 화진포에 모여 있는 것만 보더라도 예사롭지 않은 곳임을 눈치 챌 수 있다. 화진포는 원래 해당화가 많이 피는 곳이란 뜻에서 붙여진 이름으로 절경을 이룬다.

별장 해변 가에 있는 콘도를 숙소를 정했다. 우측으로 김일성 별장이 있고 좌측으로 이승만 별장에 뒤쪽에는 이기붕 별장으로 미끈미끈한 금강소나무 숲이 있고 앞쪽에는 화진포(花津浦) 앞바다로 연신 물결이 들락거리며 으르렁거린다. 하늘에는 8월 그믐에 가까워 달은 없지만 수많은 별들이 머리를 맞대고 소곤거리고 있다. 마치 축제라도 즐기고 있지 싶은 밤이다. 그야말로 별의 별 생각에 별의 별 일이 벌어지고 있는지 몰라 별 볼 일 없는 요즈음 뭔가 그래도 별 볼 일이 생겨나지 않나 싶어진다.

섬이 하나 떠있다. 거북섬이란다. 거북을 닮았다 한다. 참으로 절묘한 분위기를 만들어 낸다. 항간에서는 감포 앞바다에 신라의 문무왕능이 있다면 이곳 화진포 앞바다에는 고구려의 광개토대왕능인 거북섬이 있다고 한다. 그러나 왈가왈부할 뿐 아직 뒷받침할 만한 근거를 마련하지 못해 일부에서는 아쉬움을 토로한다. 세상을 삼킬 듯싶은 파도의 그 억센 저항도 모래밭에서는 약해지나 보다. 모래밭에 타협하듯 매달려 사르르 녹아들고 모래밭은 한 치도 물러남이 없이 그들의 횡포를 거뜬히 막아낸다.

저토록 소란을 떠는 바다는 하얀 거품을 물고 무슨 하소연이라도 하는 것일까. 때로는 수십 수백 명씩 겹겹이 어깨동무에 스크럼을 짜고 뭍으로 돌진하며 시위하느라 거품을 토해내지 싶다. 그러나 금세 덮칠 듯 그 당당하고도 위엄 넘치던 기세는 거짓처럼 눈 깜짝할 틈도 없이 고꾸라져 사그라진다. 하지만 중단 없는 전진처럼 지칠 줄을 모르고 끈질기고도 집요하게 다시 달려들기를 반복한다. 밤이 깊어갈수록 말 달리는 소리에 으르렁거리는 소리에 전쟁터 아비규환까지 온갖 저들의 한마당 축제다.

그런데 하늘에는 한눈에도 큰 별 작은 별 좀은 흐릿하니 보일락 말락 한 것들까지 쏟아져 나와 찬찬히 들여다보면 그 너른 하늘이 빈틈없이 별들로 들어찼지 싶다. 저 모래밭에 모래만큼이나 많은 것일까. 저토록 많은 별들은 깜빡거리며 무슨 의사소통을 하자는 것일까. 하지만 바다와는 달리 차분하면서 아주 조용하다. 바다가 시끄러울수록 하늘은 더 고요하지 싶다. 그런데 뒤쪽 소나무 숲이 뾰족한 이파리를 매개로 별바라기라도 하는가 보다. 가끔 감로수라도 내려주면 대롱대롱 옥구슬을 만든다.

식수는 비무장지대 계곡에서 끌어온 청정수라고 한다. 꿀꺽꿀꺽 시원하니 아주 물맛이 좋지 싶다. 통일전망대까지는 불과 15km로 남과 북이 대치하고 있는 아주 가까운 곳이지만 그런 느낌은 전혀 없다. 여기에 50~70년 공간을 넘어서 남북의 저명인사가 누웠던 곳 바로 이웃에 내가 누워있는 것이다. 물론 생각은 다르겠지만 그들이 보았던 바다를 보고 그들이 들었을 바닷소리를 들으며 하늘을 보고 숲을 보고 있는 것이다. 출렁이는 바다와 생각이 깊어지는 고요가 공존하며 밤은 자꾸만 깊어 간다.

아침이 밝았다. 그 많은 별들은 하나도 남음 없이 잽싸게 어디론가 사라졌다. 해안에서 보초를 서던 병사들이 돌아온다. 바다는 저녁보다 파도가 잔잔해졌지 싶다. 저 멀리 시퍼런 바다를 건너 수평선이 그려졌다. 그곳에서 하늘이 바다에 몸을 기대고 있지 싶다. 해산이 임박하면서 점점 붉어진 동녘하늘이다. 수평선에서 새빨간 혓바닥 끝이 날름거리듯 내민다. 조금씩 밀어 올린다. 잠시 구름이 가리는가 싶더니 아주 큼직한 둥근 불덩어리가 솟아올랐다. 잠시 후 부신 햇살이 쏟아지며 하루를 열었다.

출렁거리는 물결 위에 금빛 징검다리를 놓고 햇살이 나를 향해 강한 조명을 비추듯 성큼성큼 건너온다. 모래밭을 걸어가면 그 징검다리도 따라오면서 비추지 싶다. 저마다 축복의 아침이다. 하늘엔 구름 한 점 없다. 이슬을 머금은 소나무 숲은 더 푸름에 젖어있다. 김일성별장 옆으로 많은 고깃배들이 조업하고 엊저녁 등대처럼 멀리 보이던 경비정인가 큰 배도 보인다. V자가 왼쪽으로 기운 형태로 새들이 부지런히 날아간다. 생기가 감도는 화진포의 아침이다. 세상에 이런 아름다운 곳도 있었구나 싶다.

♬ 2010. 10. 06.

경주 양동민속마을

양동(良洞)민속마을은 안강평야 동쪽 구릉지에 조선시대 가옥 150여 채가 원형이 잘 보존된 마을이다. 안동 하회마을과 함께 유네스코 문화유산으로 등재된 곳이다. 동구에 들어서자 산자락 기와집들이 위풍당당하다. 상류층 양반들의 정취가 물씬 풍겨난다. 후손들이 거주하고 있어 집안을 들여다보기에는 사생활보호 차원에서 쉽지가 않다.

뒤로는 설창산 산등성이와 작은 골짜기를 아우르며 물(勿)자형의 지형을 만들고 앞으로는 성주봉이 바람막이를 하며 형산강이 흐르는 전형적인 배산임수의 아늑한 곳에 기와집과 초가집이 나무와 어우러져 한 폭 한국화를 그리며 '월성 손씨'와 '여강 이씨' 두 가문이 주류를 이루고 500년을 하루같이 화목하게 마을을 이끌면서 오늘에 이르렀다.

세조때 문과에 장원하고 이시애 난에 출정 평정하여 계천군으로 봉군된 공신 손소의 아들은 우참찬을 지낸 청백리 우재(愚齋) 손중돈(孫仲暾)이고, 따님은 동방5현의 한 분으로 해동부자(海東

父子)로도 불리는 뛰어난 도학자이며 탁월한 경세가(經世家)요 성리학자인 문원공 회재(晦齋) 이언적(李彦迪)을 낳았으니 손씨와 이씨 두 집안은 사돈 간이다.

이곳에는 관가정(觀稼亭), 무첨당(無添堂), 향단(香壇) 등 국보1점 보물4점과 많은 민속 가옥들이 그대로 남아있어 안동하회마을에 버금가는 민속촌이다. 대갓집일수록 높고 전망이 좋은 곳에 자리를 잡고 있다. 손씨와 이씨 두 문벌이 세의를 돈독히 하며 미풍양속과 문화유산을 지켜냈으니 곳곳에 유가의 법도와 선비의 기품이 배어있음을 느끼게 한다.

관가정은 우재 손중돈이 관직에서 사직하고 낙향하여 곡식이 자라는 기쁨을 보는 것처럼 자손과 후진 양성을 위해 지은 집이며, 향단은 회재 이언적이 경상감사 때 모친 병간호를 위해 중종이 하사한 집이고, 무첨당은 여강 이씨 종가 별채이며, 서백당은 마을 입향조인 손소가 지은 월성 손씨 종갓집으로 이곳 민속촌의 대표적인 건축물이라 할 수 있다.

관가정(觀稼亭)을 찾았다. 입구에 커다란 은행나무 두 그루가 서있다. 그 중 하나가 벼락을 맞아 많이 일그러졌다. 관가정은 농사를 짓는 들녘을 바라본다는 뜻이 담겨 있다고 한다. 정말 앞쪽에는 형산강 물줄기가 남에서 북쪽으로 거꾸로 흐르고 있고, 안강평야가 한눈에 들어오는 참으로 경관이 아주 빼어난 위치에 자리 잡고 있지 싶다.

관가정은 ㅁ자를 이뤄 사방이 콱 막혀 답답하지만 사랑방 안방 행랑방 등이 구분 연결되고 안채로 들어가는 입구는 따로 있어 외부와 소통이 가능하다. 여인들이 바깥출입이 제한되므로 자연

채광을 염두에 두고 채 열 평도 못되는 작은 마당이지만 하늘을 담고 있는「햇빛우물」이 폐쇄적인 가옥에 햇빛을 퍼 올리지 싶었으며 위쪽 동편에 사당이 있다.

회재 이언적이 몸이 불편한 노모를 모실 수 있도록 지었다는 고택 향단(香壇)이 들어온다. 경상감사 시절 이곳에 묵으며 업무를 보기도 하였으니 관사의 역할도 하였다. 처음엔 99칸으로 서민이 지닐 수 있는 가장 큰 규모의 한옥이었지만 임진왜란과 한국동란에 소실되고 지금은 56칸만 남아있다. 웅장함은 자연 속에 한 폭의 그림 같은 전통가옥이다.

아들은 우참찬을 지낸 청백리 우재 손중돈
문원공 회재 이언적은 외손자이니
월성 손씨와 여강 이씨
양반가 두 집안은 사돈지간
오순도순 오백 년
유교의 예의범절 전통을 지켰나니
유네스코문화유산
천년 신라의 수도인 경주에
조선조 민속마을 또 하나 자랑거리 되었네.

— 양동민속마을에서

나의 고향 아산 외암민속마을이 잠시 스쳐 지난다. 광덕산 물줄기가 강당골을 타고 흘러내려 온다. 설화산자락에 물줄기를 자연스럽게 끌어들여 큰 정원을 만들고 소나무 숲이 우거진 곳에 정자를 세우고 물이 흐르며 연못을 팠다. 대감댁 솟을대문은 바라보는 것만으로도 괜스레 기가 팍 죽었다. 돌담장은 구불구불하니 미로와 같은 고샅길을 만들었다.

궁금증에 살며시 담장 안을 들여다보고 싶은 충동이 일기도 한다. 누가 살며 무엇이 있을까. 감히 규중에 아리따운 아가씨와 눈길이라도 마주치는 것은 아닌지 가슴 설레기도 한다. 그러다가 들키는 날에는 혼쭐나거나 곤욕을 치룰 터이지만 그것은 다음이다. 골목을 돌면 반가와 상민의 집이 품위 있는 기와집과 볼품없는 초가3간으로 대뜸 구분이 된다.

디딜방아도 있고 연자방아도 있고 물레방아도 보인다. 노송 숲도 있고 오밀조밀하니 마을이 아늑하다. 그러나 이곳에서는 그런 면에서 좀은 아쉬움이 남는다. 집들이 밀집되기보다는 듬성듬성 그냥 산자락에 적당한 거리를 두고 산재해 있지 싶다. 굽이를 돌아 이 구석 저 구석에 자리를 잡고 여유로운 집안의 공간보다는 건물만 중요시 했지 싶기도 하다.

경주는 천 년 신라의 수도였다. 고려조를 건너뛰어 인근에 살짝 돌아앉은 조선조의 양반가까지 오백 년을 고이 간직하였으니 복 받은 땅이다. 돌아오는 길 황금빛으로 출렁거리는 들녘은 왕관이 오로지 왕을 위한 것이었다면 저 찬란함은 생활전선에 오로지 땀으로 한 해를 일군 서민인 농민을 위한 가슴 짜릿한 왕관의 빛깔이지 싶었다.

♬ 2011. 10. 08.

영암 꽃길 따라 월각산

영암읍내에서 월출산을 오른쪽에 끼고 강진으로 내닫다가 대월마을에서 산행들머리다. 올려다보는 산세가 마치 월출산자락 험한 봉우리 같으나 원 줄기를 벗어난 별개의 산이다.

한우를 키우는 마을이어서, 낯선 발길에 음매거리며 소란을 피운다. 비가 내려 촉촉한 바닥에 고사리가 많이 솟아오르고 두릅순도 상큼한 모습을 드러냈다. 한창 진달래 철을 맞아 활짝 피었다.

처음부터 돌산이다. 마치 돌만 골라다 이리 쌓고 저리 쌓아 놓은 듯싶다. 마음을 활짝 열고 조각하며 그림도 그리고 나름대로 뭐 닮았다 비슷한 모습을 연상하며 감상에 빠져본다.

험악스런 바위에 길이 있을까 싶어도 다가가면 살짝 길을 열어준다. 또 무난히 타고 넘을 수 있지 싶지만 결국은 우회해서 가야 한다. 이처럼 산은 길이 없는 듯 있고 있는 듯 없다.

마치 가는 길을 따라 진달래가 도열하고 만개하여 반겨주는 듯싶어 한결 기분이 가뿐하다. 혹은 바위틈에 꽂아놓거나 저만치 한가롭게 자태를 뽐내기도 한다. 꽃길 따라 산길이다.

얼핏 난이 꽃대를 밀어올린 모습이 많이 들어온다. 하지만 그다지 신통치 않다. 눈밭을 벗어날 즈음이었으면 신비스런 눈길로 다가갔을 터인데 시기를 놓치니 뒷전으로 관심 밖이다.

초입에서 아찔하게 보이던 장군바위를 가까스로 벗어나자 산세가 확연히 뒤바뀌었다. 바위는 구경도 못하고 평범한 흙산으로 돌변하였다. 이렇게 냉정하리만치 양분될 수 있을까.

가끔 어떤 산이 좋을까 생각한다. 물론 산주에게는 양질의 토질에 농장으로 일굴 수 있으면 좋겠고 풍수지리를 하는 사람은 아무래도 명당자리가 있는 산을 첫 번째 꼽을 것이다.

하지만 산을 찾는 사람은 토질이 좋아 나무만 무성하면 시야도 가리고 너무 밋밋하다며 좀은 힘들어도 험악한 악산을 더 선호한다. 그래야 제대로 산행을 한 기분이 들기 때문이다.

산짐승은 바위가 있어 그 속에 머물고 나무가 많이 자라 먹이를 구하기 쉬운 산이면 좋다 할 것이다. 이처럼 같은 산을 놓고도 각자의 이해나 입장에서 평가가 다를 수밖에 없다.

그런데 오늘 산행은 두 가지를 다 갖췄지 싶다. 산악훈련을 하듯 험악한 바위산을 힘겹게 넘나드는가 하면 가볍게 몸을 풀듯이 부드러운 흙길 구간을 함께 맛볼 수 있는 것이다.

월각산(456) 정상에 올라선다. 자그마한 빗돌만 외롭게 웅크리고 있다. 따가운 햇살에 날벌레들이 난무를 즐기고 있다. 산자락 갈참나무들이 새순을 내밀며 초록빛 칠을 하고 있다.

300m쯤 되돌아 나와 방향을 틀어 목동치로 내려선다. 가도 가도 산이란 말이 있고 산속에 산이라는 말이 실감난다. 작은 봉우

리를 물결 출렁거리듯이 수없이 오르락내리락 한다.

지루하다는 생각과 함께 발길이 무거워진다. 오른쪽으로 땅끝 기맥이 월출산으로 이어진다. 월출산을 오른쪽에 두고 가고 있는 것이다. 앞쪽에 유난히 뾰족한 봉우리가 문필봉이다.

어렵사리 문필봉 능선에 올라서니 산행 들머리처럼 다시 아주 험악스런 악산으로 돌아갔다. 마치 월출산의 일부분이지 싶다. 아쉽게 문필봉을 뒤로하고 그냥 주지봉에 올라선다.

여기서부터 월출산을 한눈에 바라보기에 그만한 위치가 없지 싶다. 눈길은 구정봉을 따라 내려오다 계곡에서 도갑사에 잠시 머문다. 온통 바위산은 벚꽃이 만개한 것처럼 들어온다.

바위가 죽순처럼 솟았다는 죽순봉을 거쳐 저 아래 왕인 박사 유적지인 기념공원으로 조심스레 하산해야 한다. 축제기간으로 시끌시끌한 마이크 소리가 계곡을 타고 거침없이 올라온다.

왕인 박사 생가터는 잔디밭으로 조상되고 큰 바위 몇 점이 천수백 년을 흘러도 변함없이 옛 모습을 그대로 기억하고 있는 양 아주 늠름하다. 그 안에 성천(聖泉)이 자리 잡고 있다.

왕인 박사는 일본에 논어와 천자문을 전한 백제 사람으로 아직기와 함께 백제에서보다는 일본에서 더 빛을 발하고 존경받는 인물이 되었다. 유허비는 뭔가 외로움을 달래고 있다.

공원은 한창 벚꽃이 만발하여 환하게 밝히고 있다. 한 때는 '일본 꽃이고 사쿠라' 라고 많은 괄시를 받았지만 한라산이 원산지로 밝혀졌다. 봄날의 으뜸 서민꽃으로 자리매김을 했다.

벚꽃이 하얗게 피었다고 한다. 사실 벚꽃이 질 때 보면 꽃잎은 분명 연분홍이다. 그렇게 우리의 선입감이랄까 한 번 입력되면 좀처럼 바뀌지 않는다. 우우우 꽃비 꽃눈이 내린다.

6시간이란 짧지 않은 산행이었다. 생사를 넘나든 사고를 당하고 꼭 100일째 되는 날로 과연 해낼 수 있을까 싶었다. 그간 기력이 바닥났던 터라 아무래도 지구력이 부족했지 싶다.

돌아보면 첫 산행이나 마찬가지지 싶었는데 월출산 어느 한 구간 못지않은 바위산에 꽃길산행이었다. 새순이 팍팍 움트는 풋풋한 냄새를 맡아가며 나름 무난하게 마칠 수 있었다.

♬ 2012. 04. 15.

화순 흰거위산에 가다

아산목장에서 들머리다. 소나무 숲인데 간벌을 하느라 쌓아놓은 토막에서 특유의 송진 냄새가 번져난다. 갑자기 쑥 올라간 수은주에 후텁지근하다. 벌써 그늘이 좋고 계곡에서 타고 올라오는 골바람이 좋다.

능선에 올라서니 왼쪽으로 하나의 봉우리 마당바위가 기다린다. 철계단을 철거덕거리며 오른다. 순간 들어온 풍경은 진풍경이다. 마당바위에 손색없게 널찍한 평지가 펼쳐지면서 새로운 세상에 들었지 싶다.

억새밭이 있고 잔디 광장에 노송도 몇 그루 조릿대도 심어놓았다. 웅장한 바위를 들여놓고 진달래꽃도 꽂아놓았다. 규모가 제법 큰 묘지도 한 구석에 자리 잡고 있다. 짜임새 있는 모습에 감탄이 절로 난다.

탁 트여 조망 또한 일품이다. 턱 밑에는 정원처럼 조경이라도 한 듯 큼직큼직한 철쭉 밭이다. 찬바람에 아직은 멀뚱멀뚱하지만 그에 못지않은 진분홍 진달래가 유난히 자태를 뽐낸다. 되돌아 그곳으로 간다.

이곳 철쭉과 진달래 밭은 아무래도 멧돼지들의 몫이지 싶다. 부지런하게도 빈 곳을 돌아다니며 농부의 손길 못지않게 손질을 해놓았다. 저쪽 보리수나무 아래 철철 흐르는 샘물은 전형적 농장의 쉼터 같다.

요즈음은 하루가 멀다 하고 산자락이 변화고 있다. 빈 나무에 연초록이 피는가 싶다가 진초록으로 바뀌고 녹음으로 가득 채워 간다. 바람에 출렁거리는 모습은 또한 율동적이며 그 얼마나 생동감 넘쳐나는가.

너부죽한 활엽수 잎도 있고 뾰족한 침엽수 잎도 있고 갸름하니 가장자리가 톱니 같은 잎에 길쭉한 풀줄기까지 삐져 올랐다. 새 부대에 새 술이라는데 새 옷으로 단장하니 세상이 온통 새롭게 들어온다.

옷이 날개라는 말처럼 거무죽죽한 나무에서 초록은 생명의 빛깔이다. 가을의 벌건 단풍과는 사뭇 다르다. 건너편 자락 새 한 마리 움직임까지 훤히 들여다보이다 옆도 잘 가늠이 되지 않을 만큼 우거진다.

바람도 잠시 머뭇거리고 빗물도 또르르 흘러내린다. 그늘을 만들고 그 속에서 생명이 숨 쉬며 키워간다. 오로지 무뚝뚝하게만 보이던 바위들도 주변이 달라지며 새로운 모습으로 연출을 하고 있지 싶다.

이런 날 산길을 하루 종일 걷다보면 은연중 젖어들어 온몸에서 풋내가 나며 새싹이라도 돋으려는 듯이 근질근질하다. 생기가 묻어나는 것이다. 그만큼 자연 속에 가까이 다가가 있음을 입증하는 것이다.

산은 암릉만 매력 있는 것이 아니다. 울창한 소나무 숲길에 키가 작은 산죽도 한 몫 하고 새순과 철쭉의 꽃망울이라도 피어오르면 운치를 더하며 성큼 다가온 봄기운에 산행은 발걸음이 한결 가뿐하다.

백아산은 흰 바위가 소나무 숲에 가려졌다가 바람이 불어오면 흰 거위가 나무에 앉아 움직이는 형상이라고 하여 백아산(白鵝山)이라 부르게 되었다고 한다. 그만큼 곳곳에 바위가 많고 소나무 또한 많다.

저 바위들을 보아라. 누천 년 동안 자연이 깎고 다듬은 빼어난 예술품이 아니던가. 흰 거위가 목 길게 뽑고 가슴죽지 퍼떡이며 무리지어 산으로 하늘로 오르고 있다. 자연이 시각적 생명력을 불어넣었다.

백아산(810m) 정상에서 조망하다 보면 동쪽으로 지리산 서쪽으로 무등산 남쪽으로 모후산 북쪽에선 강천산이 들어온다. 험준한 지형에 사방으로 연결되는 요새다 보니 또한 가슴 아픈 상처를 품고 있다.

저 나무는 얼마나 살아가기 팍팍하면 저리 흉측한 옹이를 만들고 저 나무는 바람 피하며 몸이 저리 꼬였을까. 저 나무는 뿌리를 내리려 안간힘에 틈새 비집고 끊임없이 뻗어나가며 물길을 찾아 나섰을까.

보라, 어찌 사람만 아픔이 있을까. 산자락도 내놓기에 꺼릴 아픔을 지니고 있기에 자연이 끌안고 세월과 함께 치유하며 정화시키지만 쉽게 지울 수 있을까. 좋은 일 아닌 나쁜 일은 더 오래

맴돌고 있다.

지금은 많은 사람들이 산행하며 즐기고 저 아래 계곡에는 자연휴양림까지 만들어 많은 사람들이 찾아들고 있다. 명산으로 떠오르며 명성을 드러내고 있다. 하지만 그 속에서 무슨 일이 있었는지 아는가.

6·25때 빨치산 전남지역총사령부가 주둔, 수많은 전투에 동족의 피를 흘려야 했던 뼈저린 역사를 간직하고 있다. 이처럼 산은 겉모습만 보는 것보다 직접 밟아봐야 또 다른 감동과 느낌이 가슴에 남는다.

그런저런 것들을 산속에 묻고 가슴에 묻으며 문바위삼거리 지나 전망대 올라 펼쳐진 풍경 현재를 보고 또 보며 팔각정에 다다랐으나 기둥만 덩그러니 한참 보수작업 중으로 바위를 헤집으며 하산했다.

♬ 2012. 04. 24.

제4부

중국에서

압록강의 국경도시 단동
압록강에 손 담그고
봉황산 조선의 새
단동서 동항까지 풍경
황산
황산서 걸어 내려오기
서호와 서시
항주 영은사와 용정차
상해임시정부와 홍구공원
상해 그리고 돌아오기

압록강의 국경도시 단동

중국 단동(丹東)의 인구는 자그마치 250만 명이나 된다. 중심을 이루는 시가지에만도 70여만 명의 주민이 거주한다니 우리나라 청주의 인구보다 많은 셈이다. 압록강을 사이에 두고 신의주와 정면으로 마주보는 국경도시로서 하루가 다르게 비약적인 발전을 하고 있다.

단동은 예로부터 우리나라와 비교적 많은 연관이 있었지만 큰 관심을 끌지 못하다가 북한의 용천기차폭발사고로 용천시가지가 폭삭 날아갔을 때 비로소 우리에게 알려지며 기억된 도시다. 대부분의 복구물자며 구호물품이 이곳 단동을 통하여 수송되었기 때문이다.

본래의 압록강철교는 6.25때 밀고 밀리다 미군이 폭파하여 북한 쪽은 끊어진 상태로 교각만이 지금껏 아픈 상처를 씻어내지 못하고 시위라도 하듯이 물속에 덩그렇게 남아있다. 이런 모습을 단동에서는 약삭빠르게 관광 상품으로 개발하여 입장료까지 받고 있다.

옆에 쌍둥이처럼 다시 철교를 놓았으니 이것이 압록강대교(中朝友誼橋)로서 지금의 역할을 수행하고 있다. 북한은 끊어진 철교를 예산타령만 하고 있으니 언젠가 여건이 형성되면 때를 놓치지 않고 우리에게 거저 이어달라고 뻔뻔스럽게 생떼라도 쓰지 않을까 싶다.

압록강에 103개의 섬이 있는데 3개만이 중국 영토이고 나머지는 북한의 영토다. 바로 위쪽에 역사적으로 큰 의미를 담고 있는 위화도(威化島)가 있는데 농경지로 개발되었다. 아마도 사상성이 아주 뛰어난 인민이나 군인가족들이 모여 살며 농사를 짓고 있지 싶다.

여말(麗末)에 지긋지긋하게 굴던 원나라가 쇠퇴의 길로 접어들면서 명나라가 들고 일어섰다. 마침 명나라는 요동지방에서 원나라의 잔재세력을 토벌하였다. 이에 원나라의 요청을 받은 고려는 명나라를 정벌하기 위하여 군대를 파견하여 이곳 위화도에서 주둔하였다.

이때 이성계가 친명(親明)으로 돌아서면서 무단회군을 하였다. 그 후 당시 최고의 실세였던 최영 장군과 이성계의 권력다툼 끝에 역성혁명으로 마침내 고려가 멸망하고 조선을 세웠으니 나라의 운명을 뒤바꾸는 야망의 꿈을 품게 했던 아주 의미 있는 곳이기도 하다.

단동지역은 기원 5세기 무렵에 고구려의 영토에 귀속되었다가 발해의 부흥기 때는 발해의 영토가 되기도 하였다. 또한 조선말에는 청일전쟁과 노일전쟁에서 승리로 이끈 일본이 요동지방을 차지하고 단동에 군사기지를 설치하며 일본에 의해 압록강철교가 놓였다.

단동은 중국이 개방을 표방하고도 한동안 깊은 수렁에 빠져 있었다. 그러다가 불과 육칠 년 전에야 겨우 기지개를 켜는 듯싶었지만 급속도로 탈바꿈을 하고 있다. 개발구라는 특구까지 두어 개발에 박차를 가하고 있다. 곳곳에 건설의 메아리가 울려 퍼지고 있다.

지금은 비록 신구(新舊)가 혼합되어 다소간의 시행착오도 겪어가며 번지르르한 도로변이 있는가 하면 조금만 들어서면 폐허 같은 쓰레기와 함께 널브러져 보기에도 민망스러운 빈민소굴이 드러나고 어수선하지만 곧 이를 극복해 내고 자리매김을 할 수 있을 것이다.

중국은 영토가 아주 넓다보니 주변에 무려 14개국과 국경을 맞대고 있다. 단동은 압록강을 사이에 두고 북한과 경계를 이루고 있는 국경도시로서의 면모를 유감없이 뽐내려는 성싶었다. 도로나 인도도 널찍널찍하게 확보하고 앞날을 내다보며 대비하려는 듯싶었다.

그러나 아직은 관광자원이 빈약한데다 준비가 덜되어 업소는 물론 안내원조차 초보단계를 벗어나지 못하고 있었다. 소위 가이드가 겨우 차편안내 정도에 머물고 입장권이나 고작 끊어주는 수준이었다. 자신 있는 홍보는 엄두도 못 내는 수준인지 아쉬움이 남았다.

압록강에 손 담그고

밤새 제법 많은 비가 쏟아졌지만 새벽이 되니 모두를 씻어내고 활짝 갠 날씨로 청잣빛 고려의 하늘로 떠올랐다. 창가에 서니 압록강이 들어오고 그 너머로 신의주가 다가선다. 숙소를 빠져나와 압록강으로 가기로 했다.

백화점에 차 없는 거리인 소공원은 입구에 얼키설키 철봉으로 막아놓았다. 새벽 대로변은 차들이 드문드문 다니고 출근하는지 자전거가 줄지어 지나간다. 인도를 꽤나 넓게 만들어 놓았으나 허섭스레기로 아주 지저분하다.

한쪽은 한창 재개발로 우뚝우뚝 고층건물들이 들어서고 다른 한쪽은 낡은 건물들로 지저분하기 짝이 없는데 함께 뒤섞인 과도기적인 시가지는 매우 어수선하기 그지없다. 주민들의 복장도 좀은 조잡스러운 느낌이 든다.

금지광장(金地廣場)을 지나며 길을 꺾어 5분 남짓 걸어가니 압록강이다. 조금 아래쪽에 철교가 보이고 위쪽으로는 위화도다. 바다와 연접한 하구인데 썰물로 비가 내렸다고 강물은 불어나지를 않고 오히려 많이 빠져있다.

설레는 마음으로 강가로 다가갔다. 물은 생각처럼 그리 맑지를 않다. 제방을 사뿐 내려가 살며시 강물에 손을 담그니 그래도 시원함 속에 어떤 감회 같은 감정이 울컥 묻어나는가 싶더니 온몸으로 짜르르하게 전해온다.

여기가 바로 그렇게 말로만 듣던 압록강이다. 내 멀다 않고 두근거리는 마음을 가슴에 안고 찾아왔건만 그 마음을 조금이라도 알까나. 강물은 달리 전해줄 말도 할 말도 없다는 듯 멈춤 없이 그저 유유히 흘러가고 있다.

빠끔히 한눈에 들어오는 강물 너머가 우리 땅 신의주다. 강둑에 버드나무인지 푸릇한 모습으로 늘어서 있다. 불과 1km 거리로 허름해 보이는 집들이 들어오며 아침인데도 힘찬 기운보다는 착 가라앉은 형상에 안쓰럽다.

압록강을 고구려 시대에는「염난수」라고 부르기도 하였다. 이 강에는 언제부터인가 아주 많은 오리들이 날아와 물질을 했다. 오리의 머리는 유난히 초록빛이 빛나고 강은 온통 초록빛으로 뒤덮은 듯이 아주 장관이었다.

아예 강을 압록강(鴨綠江)이라 불렀다. 결국 압록강은 초록빛 오리들의 강인 셈이다. 그만큼 생명력이 넘쳐나는 강이었다. 그러나 오늘은 그 오리를 한 마리도 만나볼 수 없었다. 그동안 생태계도 극심하게 변했지 싶다.

아침 해는 분명 강 건너 우리 땅 신의주 쪽에서 둥실 떠올랐으나 이쪽 중국의 단동을 비추며 붉은 햇살을 쏟아냈다. 그런데 언제부터인가 불과 강 하나를 사이에 놓고 건너다보이는 신의주는 어딘지 칙칙하니 암울하다.

강가를 타고 늘어선 오래된 건물들이 우선 낡고 낡은 창고 같이 보이며 아주 볼품이 없다. 어딘가 희망보다는 음울하니 답답하며 편안함보다 억눌림으로 다가섰다. 거기에 선동적 구호가 담긴 글귀가 섬뜩하기만 하다.

하지만 이곳 단동은 사뭇 달랐다. 하루가 다르게 고층 아파트가 솟아오르는 등 규모를 갖추고 짜임새 있는 도시로 발돋움하며 보다 활기를 불어넣고 있다. 마치 흑백이 대조를 이루듯 그 외양에서부터 음양이 또렷하다.

분단 육십여 년 만에 돌고 돌아 왔노라
초록머리 오리는 어디로 갔는가
봄 오면 초목도 움트는데
혹독했던 지난 날
아직도 꽁꽁 얼어붙었는가
흐르는 강물이야 가면 그 뿐이라지만
가라앉는 신의주 떠오르는 단동
정신 번쩍 드는데
언제쯤 마음 열리며 자유롭게 오가려나.

– 압록강에 손 담그고

이곳 강변에도 많은 사람들이 아침 일찍 나와서 산보를 하고 체조 같은 간단한 운동을 하며 건강관리를 열심히 하고 있다. 도로는 교통법규를 아예 무시하는 차들로 무질서하여 도로를 건너려면 눈치를 보기에 바쁘다.

숙소로 되돌아가는데 한참 가다보니 과일(果品)시장으로 사람들이 웅성거린다. 대부분 남방에서 올라온 과일들 같다. 아차! 아리송하며 분명 좀 전에 왔던 길은 아니지 싶다. 어디서부터 잘못되었는지 길이 어긋난 거다.

주머니에서 키를 꺼내 호텔 명칭을 짚어가며 두어 번쯤 물어야 했다. 가끔 한국기업의 간판도 보인다. 많은 기업이 진출하여 활발하게 활동하고 있다고 한다. 이국에서 호기심을 지니고 한 시간쯤 새벽산책을 할 수 있었다.

봉황산 조선의 새

아주 한산한 단동-심양 고속도로를 한 시간 가까이 달렸다. 도로변 농가들은 우리의 새마을운동 때처럼 그래도 겉모습은 가지런히 정비가 잘 되었으나 빈집이 많단다. 일 년 내내 죽자 살자 고생을 하여도 공장의 고작 한 달치 급료에도 미치지 못하여 하나 둘 도회지로 떠나간 것이다. 급속한 산업화에 농경사회가 무너지는 부작용이 나타나고 있는 것이다.

봉성시(鳳城市)에 들어서면서 우측으로 아주 험악해 보이는 산이 나타난다. 산 전체가 온통 바위산으로 뾰족뾰족하면서도 허연 것이 언뜻 월출산이 머리에 스쳐간다. 이곳이 요녕성의 4대 명산 중 하나로 손꼽히는 봉황산이다. 본래 요녕성은 요서성과 요동성이 하나로 합쳐진 이름으로 북쪽은 장백산맥과 천산산맥의 여맥이 만나면서 산악지대를 이룬다.

아직은 철이 이른 탓에 찾는 사람이 거의 없어 매점이나 케이블카도 휴업상태다. 멀리 이역만리에서 우리만이 개의치 않고 명성만 듣고 찾아든 것이다. 그러나 산행은 거의 수직에 가까워 보이는 험난한 암벽으로 처음부터 기를 죽인다. 절벽바위를 층층이 깎아 계단을 만들고 이를 쪼아서 곰보 바닥을 만들어 미끄러움에 대비하였으나 좀은 난간이 허술하다.

곳곳에 부처님도 모시고 안녕을 기원하는가 보다. 또 커다란 나무를 서낭당으로 모시는지 둥치에 옷을 입히듯 색색의 천으로 둘러놓은 것을 보면 그들의 믿음에 대한 열성만큼은 나무라기보다 열성을 넘어 극성스럽다고나 할까 보다. 절벽에는 자물통을 걸어놓고 열쇠를 버려가며 연인들이 백년해로로 영원히 함께할 것을 굳게 다짐하는 의식을 갖기도 한다.

나무는 입구 쪽에 아카시아, 낙엽송이더니 이제 갈참나무며 소나무가 돌 틈바귀에서 꿋꿋하게 버티고 있다. 아랫녘은 봄기운이 물씬한데 험악스런 산속이라 그런지 곳곳에는 아직껏 겨울의 잔재가 남아 있어 곤혹스럽게 한다. 여기에 빗물까지 뒤섞인 동굴 밑바닥이며 산은 온통 넙적한 바윗길로써 표면이 미끌미끌하여 여간 신경이 곤두서는 것이 아니다.

태평성대였던 요순시대에 이 봉황산(鳳凰山)에 봉황이 나타나면 아주 좋은 일이 생겼다고 한다. 지금은 바위만이 그 위용을 유감없이 뽐내고 있다. 그러나 쉽사리 접근하기 어려운 절벽이며 동굴이나 아주 좁다란 바위틈새를 통과하며 수없이 오르내려야 한다. 어쩌면 저기쯤 봉황이 살며 둥지를 틀지는 않았을까 싶도록 감탄을 절로 자아내는 절경들이다.

때로는 봉우리 옆구리를 지나칠 때는 수직에 가까운 수백 미터 경사면으로 그저 까마득하니 아찔하기만 하다. 다소라도 고소공포증이 있는 사람은 지레 겁을 먹고 산행이 그리 쉽지만은 않을 것이다. 북한산 백운대의 마지막 구간쯤은 일도 아니다. 굳이 어느 봉우리 어느 바위를 눈여겨보지 않아도 기이하게 조화를 이루니 환상적인 분위기를 만들어 낸다.

잔뜩 찌푸렸던 날씨는 기어이 구름을 몰고 오며 안개비가 내리기 시작한다. 봉우리마다 바위 면에 그들 특유의 빨간 글씨로 휘둘러 적어놓았지만 도통 알아볼 수가 없다. 산문에서 봉화대에 오르고 다시 나한봉, 장군봉, 노우배, 삼운대, 전안봉 등을 거쳐 정상인 신마봉(神馬峰 836m)에 올랐다. 일기 탓도 있지만 그야말로 아찔한 순간이 한두 번 아니었다.

봉우리마다 암봉으로 안전장치를 나름대로 설치하였다고는 하지만 좀은 엉성한 외줄 난간에 의지해 걸어야 한다. 그나마 바람이 없어서 다행이지 물기로 축축이 젖어 장갑에 페인트 물이 퍼렇게 묻어났다. 옆구리를 돌아갈 때는 낭떠러지로 까마득한 절벽에 선반을 맨 곳도 있고 간신히 빈 몸뚱이를 추스르고 지나려니 으스스하며 오금이 저려오기도 한다.

삐끗하는 날엔 수백 미터 수직으로 추락할 수도 있을 것이니 아찔하다. 그래도 스릴 넘치는 코스로 호기심도 바짝 당기지만 긴장감을 누그러뜨릴 수가 없다. 수없이 비좁은 바위 틈새나 굴을 빠져나가야 한다. 때로는 앞으로 포복 옆으로 비비적거리며 뒷걸음질도 치고 엉금엉금 기기도 한다. 몸집이 비대하고 배가 불쑥 튀어나온 사람은 꽤나 애를 먹는다.

여기도 한 때는 틀림없는 고구려의 땅이요 발해의 땅이 아니었을까. 가까이서 산새가 울부짖는다. 반갑다는 것인지, 뭔가 서운하다는 것인지, 좀처럼 알아들을 수가 없다. 영어나 중국식 발음도 아니요, 그렇다고 우리말 가사도 아니지 않는가. 그러나 가만히 듣노라면, 마치 그 울음소리가 〔문덕문덕〕 하는 것 같기도 하고 〔만춘만춘〕 하는 것 같기도 하였다.

때로는 〔소문소문〕 하는 양 들리기도 하고, 간혹 〔조영조영〕 하기도 한다. 고구려의 을지문덕 장군이나 양만춘 장군이며 연개소문 장군이 긴히 전해야 할 말이 있는지도 모른다. 어쩌면 발해를 건국한 대조영도 할 말이 남아있을 것이다. 억울하게 죽어간 민초들은 얼마나 많은가. 여기 고구려의 숨소리가 있고 발해의 몸짓이 있고 조선의 한숨이 깃들여 있다.

이제는 남의 땅 이역만리
얼굴도 제대로 내놓지 못하고
숨어 우는 조선의 새여
너무 서러워 마오
역사는 흐르는 물과도 같으니
그들이 내놓는 자랑
만리장성도 결국 무너져
절규에 절은 돌덩어리일 뿐
다시 쌓아올려도
조상의 손때는 씻겨 나가고
그 이름만 남으리니
가슴 펴고 고이 쉬소서
배달의 가슴에 깊이 새겼다오.

– 봉황산 조선의 새

어쩌면 능글능글하니 음흉스런 중국을 절대로 믿지 말라는 당부는 아니었을까. 뛰어났던 우리의 역사며 고토를 통째로 깔아뭉

개며 뒤덮으려 하지 않느냐. 그들은 동북공정이라는 미명 아래 고구려의 역사며 발해의 역사를 자기 나라 변방인 동이족 역사의 일부라거나 아예 존재조차도 인정하지 않고 비하하며 왜곡하기에 혈안이 되어있지 않는가 말이다.

이에 너무나 애통함을 억누를 길 없지만 지금은 남의 땅이 되었으니 숨어서 한숨에 피눈물을 섞어 울음으로 토해내는지도 모른다. 하지만 너무 오래 흘러간 탓에 좀처럼 알아들을 수가 없어 아쉬움만 남을 뿐이다. 어쩌면 지금껏 슬픔을 억누르고 목이 쉬도록 울부짖는 저 새들이 우리의 진정한 봉황으로 이 봉황산을 지키고 있는 것은 아닐까 생각해 본다.

아주 어렵사리 원점으로 회귀하고 나니 모처럼 아주 멀리서 온 손님들이 무사하게 등산을 마치기라도 기다렸다는 듯이 참고 참았던 빗줄기가 점점 굵어진다. 어쨌거나 손님 대접으로 4시간여를 잘 참아준 셈이다. 이제 연길에서 백두산으로, 베이징에서 장가계 천자산으로, 상해에서 황산을 거쳐 네 번째로 이곳 봉성의 봉황산을 의미 깊게 오른 셈이다.

단동서 동항까지 풍경

월량도(月亮島)는 압록강 내의 중국 소유 섬이다. 홍콩의 재력가가 거금을 들여 대규모 관광단지로 개발을 하고 있다. 우선 입구의 아치형 다리부터 특색 있게 설치되어 명소로 떠오르고 있다. 북한이 직영한다는 농산물 직판장에 들렀다. 북한산 깨, 콩, 차, 약재, 술 같은 특산물에 각종 악세사리며 그림 등을 전시 판매하고 있다. 첫 느낌이 호감보다는 어딘가 좀은 조잡스러워 보인다. 같은 민족임을 내세워 매상을 올려보려 한다.

단동에서 동항은 불과 30여 킬로미터 거리다. 대로변인데도 아직 나무전주가 애자도 없이 버젓이 전선줄에 묶여 늘어서 있다. 한창 도로 확장공사를 펼치고 있는데 포크레인 같은 중장비보다는 인부를 동원하여 수로를 개설하고 있다. 동항에서도 화물을 하역하는데 전용 미끄럼사다리 하나 없었다. 승객용 사다리로 짐을 끌어내리려니 버거운 무게가 한꺼번에 쏠리면서 중심을 잃고 비틀비틀 금세라도 바다에 쑤셔 박힐 듯 보였다.

저러다 큰 사고라도 생기는 것은 아닌지 조마조마한 마음에 안쓰럽게 하였다. 그러나 자동화나 기계화를 않는 데는 나름 그만한 이유가 있다. 혹시라도 일자리를 잃을까봐 근로자의 항의가 빗발친다. 힘겨워도 그만한 일터가 없는 것이다. 가뜩이나 급할 것이 없는 사람들이기에 빨리 끝내는 것을 자랑으로 여기지 않는다. 보다 많은 인민들의 기초생활을 보장하기 위한 일자리로 지원하는 측면도 있어 이러쿵저러쿵 할 말이 없다.

가도 가도 끝을 모르게 펼쳐지는 들녘이다. 산은 물론 구릉지도 없는 곡창지대다. 집은 농촌국민주택 형으로 판에 찍은 모습이다. 압록강 하구로 넉넉한 강물을 이용할 터이니 물 걱정 또한 없어 농사짓기에 아주 제격일 것이다. 들녘을 가로지르며 방풍림처럼 수로 양편에 심겨진 미루나무가 아주 인상적으로 길게 금을 긋고 있다. 나뭇잎이 바람에 나부끼면 팔랑팔랑 초록깃발을 흔드는 것 같아서 또 다른 모습으로 다가서리라.

중국인들은 워낙 의심이 많아 밖으로 내놓기보다는 안으로 감추려 한다. 상대적으로 뭔가에 매달려 마음을 달래며 의지해보려는 믿음을 지닌 민족이라 그런지 미신적인 측면에도 애착에 가까운 모습을 보인다. 중국국기인 오성기의 바탕은 오성을 빼놓으면 온통 빨갛다. 거리의 간판 바탕색이나 글씨 또한 빨간 색이 많고 심지어 서민주택의 기와지붕이나 담장의 벽돌도 빨간색을 많이 선호하는 것은 그냥 우연만은 아닐 것이다.

곳곳에 수없이 빨간 휘장이나 깃발이 펄럭인다. 핏빛이라도 연상하듯 아주 선정적이다. 익숙하지 않아서인지 섬뜩한 마음이 들기도 한다. 유난히 빨간색을 자랑스럽게 여기고 선망의 대상으로 여기고 있는 것 같다. 중국인 그들은 전통적으로 빨간 색이 악귀를 쫓아내고 액땜을 하며 자신들을 악의 구렁텅이에서 구해준다고 아주 굳게 믿고 있기 때문이기도 할 것이다. 어쨌거나 빨간 것을 유별나게도 좋아하는 민족임에는 틀림없다.

자전거 앞바퀴 부분에 리어카를 달은 개량 인력거가 활주한다. 먼지와 직사광선 그리고 비를 피하기 위하여 비닐로 포장하듯 씌웠다. 인력거에 두 사람까지 싣고 땀을 뻘뻘 흘리며 대로를 끌고 가는 것이 아니라 이제는 여유 있게 밀고 다닌다. 한 쪽에서는 일제 신형택시가 내달는다. 이런 모습들은 도시의 한복판에서도 종종 볼 수 있는 풍경이다. 과거와 현재가 흉허물이나 떨떠름함 없이 자신의 처지에 맞게 공존하는 중국이다.

가진 자는 엄청 많이 갖고 없는 자는 끼니에 잠자리를 걱정한다. 말만 공산국가이지 어느 면에서는 우리보다 더 빈부차가 심한지도 모른다. 지금 한참 과도기에서 내심 안간힘 몸부림을 치고 있는 것이다. 도로는 펑펑 뚫려있지만 교통은 몹시 무질서하다. 그러나 몰래 카메라나 단속하는 공안요원은 볼 수 없다. 심지어 도로를 다 뒤덮을 듯이 갈대를 트럭에 싣고 맞은편에서 질주하여 올 때는 금세 덮쳐올 듯 불안하기도 하였다.

더위까지 느껴지도록 활짝 갠 하늘은 같은 길이라도 날씨 따라 분위기가 사뭇 달랐다. 아무래도 오늘 같은 날 봉황산에 올랐어야 제격으로 보다 속속들이 들여다보며 그 매력에 흠씬 빠져보았을 텐데 하는 마음에서 다소 아쉬움이 남았다. 그러나 어쩌랴, 이미 지나간 일이요, 인력의 한계를 넘어선 자연의 조화임에야 한꺼번에 모두를 채울 수 없는 일이다. 하지만 미련을 가슴에 담고 질주하며 풍경을 감상하는 맛도 괜찮지 싶다.

황산

인천국제공항에서 중국 황산으로 구름 속을 난다. 저 밑으로 펼쳐진 하늘은 설원의 빙산에서 큼직큼직한 얼음조각에 산호초가 되었다가 목화밭 솜사탕까지 눈 덮인 설악산도 된다. 끝없이 뻗어나간 길을 따라 끊일 듯 굽이돌아 끝내 사람 사는 마을에 닿는 변신술이다.

새끼줄처럼 그어진 강줄기에 주름투성이로 납작 엎드린 산자락은 거북이가 바다로 포복해 간다. 온갖 교묘한 모습으로 수없이 드러냈다 지우고 다시 펼치며 재미난 세상을 보여준다. 거칠 것 없이 펼쳐진 끝 모를 자유 하나로 이어진 하늘을 거침없이 두 시간여 날았다.

중국은 요즈음 한국인을 상대로 관광업이 활발하다. 그 중에도 빼어난 절경으로 중국 10대 관광지를 안내한다. 북경 만리장성, 계림, 절강성 서호, 북경 자금성, 안휘성 황산, 소주 졸정원, 대만 일월각, 피서산장, 상해 삼협, 서안 병마용으로 백두산(장백산)은 열외다.

그 중에 황산은 1990년 유네스코 세계문화유산에 등록됐다. 지금 그 황산을 가고 있다. 황산은 본래 황제가 반하였다 하여 황산(皇山)인데 후에 황산(黃山)으로 고쳐 부르고 있다. 기이한 암석에 저마다 개성이 서려있는 소나무와 구름바다가 아우른 일품 정경이다.

기내에서부터 한국인들로 법석을 떤다. 한국인은 중국 경제발전에 많은 도움이 되었다. 그러나 알맹이만 쏙쏙 빼먹을 뿐 멸시에 가까운 푸대접이 노골적으로 드러나고 있다. 한국어 방송이나 안내책자조차 찾아볼 수 없다. 거의 보이지 않는 미국인들인데 영어는 무엇인가.

돈은 우리 한국인이 부담하는데 잔치는 저희들끼리 하고 있다. 누구를 위한 편의시설이요 관광서비스일까. 항의 한 번 못하고 눈치만 슬금슬금 보다 고스란히 온갖 곤욕을 치러야 한다. 허겁지겁 주는 대로 감사하게 받아먹는 우리는 굴러들어간 알짜배기 황금알 봉이다.

그저 가져온 돈 보따리나 있는 대로 탁탁 풀어놓으라는 능구렁이들이다. 이에 맞장구라도 치듯 사재기에 혈안이 된 족속들도 눈에 많이 띈다. 그것도 가짜투성이로 바가지 씌우는 두꺼운 비위짱이다. 만주벌판 고구려 역사까지 왜곡을 일삼고도 천연덕스러운 얼굴들이다.

황산으로 가는 길목에서 잠시 벗어나 와호장룡 촬영지로 알려진 비취계곡(翡翠溪谷)을 찾았다. 입구에서 활짝 피어 웃음을 머금은 무궁화꽃이 태극기를 휘날리듯이 반긴다. 평소에는 잊고서 지냈어도 수만리 이국타향에서 만나니 반가움으로 순간 눈에 번쩍 들어선다.

무궁화 꽃이 피었습니다. 백년지기라도 만난 듯싶어 살짝 들여다본 이름표는 틀림없는 우리나라 무궁화인데 무궁화가 아니라 목근(木槿)으로 좀은 씁쓸한 마음을 지울 수 없었다. 한국의 국화(國花)인 무궁화라고 당당하고도 버젓이 적혀져 있을 날은 언제쯤 올까나.

안휘성 황산의 명성은 이미 널리 알려져 있다. 또한 이 지역은 주원장이 산적으로 숨어 살면서 대권의 야망을 키웠던 곳이기도 하다. 굽이 돌아서면 기암괴석은 신묘한 모습으로 둔갑한다. 기송은 자연이 만든 분재요 허리를 휘감아 도는 구름은 그야말로 절창이다.

높고 험한 산중에 대규모 숙박시설의 자재를 짐꾼이 하나하나 지게로 날랐다고 한다. 케이블카가 있지만 여유 노동력의 고용을 배려하는 측면에서다. 찻길부터 요란하게 닦느라 파헤치며 수목을 마구 베어내면서 자연경관이 마구 훼손되는 우리와는 근본이 다르다.

우리는 본래의 취지는 슬쩍 뒷전으로 밀려나고 단지 발 빠른 공사로 돈벌이가 되면 그만이라는 속셈이 깔려있는데 중국은 그렇지 않은 모양이다. 많고 많은 것이 사람이고 노동력이고 또한 시간이다. 그러니 사람을 동원하여 서두를 일 없이 두고두고 공사를 한다.

우리가 아주 짧은 공기일수록 자랑스러워한다면 중국은 몇 년 동안 공사를 했느냐에 자부심을 느끼는 모양이다. 보통 몇 십 년 동안 수제품처럼 만들어 낸다. 대충 대충이 아닌 시간이 많이 걸리더라도 정교하고 아주 튼튼하게 오랜 앞날을 내다보는 혜안이 있다.

계단에 돌 하나를 깔아도 몇 번이고 재고 또 다듬는다. 규격에서 조금만 벗어나도 아니 된다. 그냥 철퍼덕 주저앉아 돌바닥이 미끄러울세라 돌을 쪼아 곰보로 만든다. 준공검사가 끝나기를 기다렸다는 듯이 허물어져 곧바로 보수공사에 들어가는 우리와는 다르다.

그런 정신이기에 곳곳에 수많은 문화재가 지금껏 끄떡없이 전해 내려오는데 한 몫을 톡톡히 했을 것이다. 만리장성, 자금성, 천안문광장, 이화원 등은 그 규모가 실로 엄청나지 아니하던가. 이에 걸맞듯이 산천도 웅장하여 대국다운 면모를 고루 갖추고 있는 성싶다.

황산의 서해협곡은 침목처럼 돌을 깔아 천 년 만 년 내다보며 빈틈없는 시공에 정교하게 다듬어 길을 냈다. 바위를 후벼 판 돌터널에 오르내리는 돌계단을 만들었다. 낭떠러지에는 선반을 얹은 모두가 돌이다. 아래는 차마 내려다보기조차 아찔한 끝 모를 심연이다.

천상의 허공에서 두런두런 떨리는 목소리가 들린다. 절벽 허리에 개미처럼 매달려 돌다리를 건너려니 감춘 죄에 아찔아찔 오금이 저려오는가. 얼핏 돌다리도 두드려보고 건넌다는 속담에 두두둥 둥 둥둥 울림의 메아리로 경쾌한 곡조의 화답을 하니 이만하면 됐다.

솟아오른 봉우리마다 온통 돌 속에 돌이 볼거리로 동물의 세계까지 빚어 펼쳐 보이는 묘기대행진이다. 변신의 귀재로 구름까지 모여든 조화다. 절벽의 돌 틈바구니에 소나무는 검푸른 버섯처럼 겁 없이 돋아나서 히죽히죽 풀어내는 푸르른 웃음 신비의 절정이었다.

황산서 걸어 내려오기

예정보다 일찍 산장 숙소에 들었다. 계속하여 비가 주룩주룩 내린다. 다음날 새벽 일정도 일부 바뀌었다. 케이블카는 태풍이 온다며 지레 겁을 먹고 운행중지 되었다. 오후 일정에 차질을 줄 듯싶다. 어제는 타고 올라왔으니 오늘은 걸어 내려가는 것도 의미 있겠다는 쪽으로 의견을 모았다.

여행지에서 갑자기 비가 오는 날은 정말 처량하기 짝이 없다. 이미 정해진 빡빡한 일정에 따라야 하기 때문에 주춤거리며 지나치면 그뿐이다. 언젠 다시 온다는 기약도 없는데 아까운 시간만 그냥 흘러가 버린다. 황산이라는 산중에서 바람까지 몰아친다. 커다란 두꺼비가 큰 눈을 끔벅거린다.

오늘 같은 날은 그저 비옷 한 벌이면 족하겠지. 여행길에 배고플 때는 따끈한 밥 한 그릇이면 좋겠고 몸이 불편할 땐 약 한 봉지에 잠시 휴식을 취하고 싶어진다. 아무리 돈이 많다 한들 사소한 것 하나 내 마음대로 못하면 무슨 소용이랴. 보고플 때 정말 보고픈 사람 볼 수 있으면 된다.

비옷을 여미며 빗길을 나섰다. 등산로는 널찍하니 기반공사가 튼실한데다 재단한 돌을 깔아 물이 홍건하게 흘러내려도 끄떡없다. 사막의 와디처럼 암벽 곳곳으로 흘러내려 물길을 이뤘다. 주변의 빼어난 경관에 뒤질세라 즉석에서 펼쳐지는 시원시원한 폭포는 절정을 이뤄 가히 환상적이다.

내려가는 돌계단 한 쪽으로는 쉬엄쉬엄 짐꾼들이 올라온다. 산장에서 소비할 계란 하나, 휴지 한 장, 양파 하나의 일상품에서부터 백 킬로가 넘는 건축자재 철근까지도 어깨에 메는 대나무지게로 세 시간 많게는 다섯 시간을 짊어지고 오른다. 유일한 운송수단으로 하루 두 번씩 오르내린다.

뚝뚝 닭똥처럼 떨어져 내리는 땀방울을 보노라니 삶의 애환이 오간다. 빈 몸뚱이도 힘겨워 케이블카에 거금을 내는데 이 힘든 일들이 반복된 생활전선이다. 짊어진 양에 따라 수당을 받을 터다. 일상을 자신의 지게에 짊어지고 그에 의존하여 그것도 감지덕지 살아가는 순박한 사람들이다.

산 전체가 온통 대나무 숲이다. 논밭에 대나무를 재배하기도 한다. 휘청휘청 부러질 듯이 부러지지 않는 유연함에 지게로 사용하며 죽엽청주도 담그고 쓰임새가 다양하다. 농촌은 우리와 별반 달라 보이지는 않는다. 띄엄띄엄 2층집은 습기에 아래층은 창고로 쓰이고 위층에서 거주를 한다.

밭에는 옥수수, 고구마, 호박, 깨를 많이 심었다. 그러나 일하는 사람은 눈에 띄지를 않는다. 옷 입은 허수아비에 모자를 씌웠다. 허름해 보이는 방앗간도 있다. 밭둑 억새꽃이 휘날리고 냇물에 아이들이 웃통을 벗은 채 고기잡이 한다. 이미 흘러간 육칠십 년대 우리 농촌을 떠올리게 한다.

남쪽의 일기가 좋은 곳에서는 삼모작을 한다. 그러나 안남미로 품질이 떨어질 수밖에 없다. 볼썽사나운 전주가 여기저기 무질서하고 얼키설키 느려진 전깃줄이 눈에 거슬린다. 가끔 소들도 길가 풀밭에 모습을 드러내지만 우리의 누런 광택이 나는 소와 달리 회색빛으로 힘이 없어 보인다.

야산을 깎아내린 산자락을 녹차 밭으로 일군 풍경이 그래도 그런대로 살갑게 다가선다. 우리나라 보성지방에 가면 볼 수 있는 낯설지 않은 풍경이다. 서양 사람들이 커피를 즐기고 우리가 오래도록 밥솥에 누룽지로 끓인 숭늉 맛을 보며 아껴 왔다면 중국인은 다도를 아주 중요시했다.

여독에 가뜩 입맛이 없는데다 안남미(安南米)는 푸석푸석 밥알이 흩어지고 과일은 밋밋하니 맹물 같다. 어디 기름기 잘잘 흐르는 우리의 질 좋은 쌀에 비할 손가. 냉수조차 벌컥벌컥 마실 생각 아예 말고 반드시 끓여 먹던지 생수를 구입하여야 한다. 끼니마다 느끼하니 향내 짙은 음식이다.

아무렴, 우리 것이 좋다는 것은 알겠지만 남의 나라에 와서 반찬 탓에 못 먹겠느니 투정하지 마라. 금강산도 식후경! 딴청 부리지 말고 꾹꾹 눌러 먹어두어야 한다. 보았느냐! 황산의 산상을 오르내리며 비지땀에 범벅이 되어서도 묵묵히 백아령을 넘던 처연한 지게꾼이 자꾸 눈에 밟힌다.

황산에서 항주까지는 곧 고속도로가 개통된다고 한다. 한산한 도로에서 교통사고가 났다. 레커차가 잽싸게 호들갑 떨며 달려오고 앰뷸런스가 달려올 텐데, 아니다. 차들이 자꾸 밀려 웅성웅성거리는 것은 우리뿐 그들은 태연했다. 뒤늦게 공안(경찰)이 줄을 늘여놓고는 딴청 부리고 있다.

교통정리로 통행을 시켜도 될 텐데 편의는 안중에 없다. 그렇다고 서둘러 큰소리칠 사람 하나 없다. 아서라, 성질이 급한 놈만 눈총에 기절초풍 한다. 누가 더 답답한지 인내력이라도 시험해 보자는 만만디다. 시간이 흐르면 해결되려니 그냥 눈치나 살며시 보며 느긋하게 기다리려야 한다.

서호와 서시

절강성 항주에서 빼놓을 수 없는 곳이 바로 서호(西湖)다. 3면이 산으로 둘러싸인 천연호수는 빼어난 산수화에 절경이다. 이웃한 소주와 항주는 오나라와 월나라로 경쟁관계에 견원지간으로 다툼이 끊이질 않았다.

월의 구천이 전쟁에서 패하고 다음을 도모하며 오나라 군왕 부차에게 바친 서시(西施)는 양귀비 뺨칠 미색이다. 그녀의 유명세를 타고 서호를 서시의 고향에 있는 호수라 하여 서자호(西子湖)라 부르기도 하였다.

수나라 양제가 하늘하늘 늘어진 나무의 선율을 보며 그만 넋을 놓고 탄복을 했다 하여 수나라 양제의 버들나무라 칭하다가 오늘날에 와서는 그냥 수양버들로 불리는데 호수 주변을 치맛자락 펄럭이듯 감싸고 있다.

호수에 섬까지 띄워놓고 살짝 안개가 깔린 서호, 잔설이 덮이거나 비가 내리는 서호, 교교한 달빛이 살며시 녹아드는 서호, 석양에 물들어 빠져드는 서호를 바라보며 수시로 변모하는 여인 같은 황홀함에 대취한다.

「서시」는 춘추전국시대 월나라에서 농부의 딸로 태어났다. 미모는 원근에 널리 알려졌다. 마음속의 근심으로 자신도 모르게 이마를 찡그리고 마을을 걷고 있었는데 그 모습이 하도 아름다워 보는 이를 도취시켰다.

한 추녀가 자신도 찡그리면 아름다워질까 싶어서 잔뜩 찡그리고 다녔다. 못생긴 얼굴에 가당찮게 남을 흉내 내는 모습은 마냥 이지러졌다. 사람들은 고개를 외면하고 마주칠까봐 대문을 걸고 나오질 않았다고 한다.

한 여인의 손아귀에 뒤바뀐 역사의 운명은 오월동주(吳越同舟)나 와신상담(臥薪嘗膽) 같은 고사성어까지 생겨났다. 어느새 옷매무새 다듬는 서시가 호수를 거닐고 소동파와 백낙천이 시구를 읊조리는 착각에 젖는다.

중국에서는 서시를 침어(沈漁)의 미인으로, 초선을 폐월(閉月)의 미인으로, 왕소군을 낙안(落雁)의 미인으로, 양귀비를 수화(羞花)의 미인으로 역대 4대 미인에 손꼽고 있다. 여기서 잠시 4대 미인의 면면을 살펴본다.

「서시」가 서호 주변을 거니노라면 그 모습이 어찌나 아름다웠던지 호수 속에 물고기가 반해서 멍청하게 바라보다가 헤엄치는 것조차 깜빡 잊고 그만 호수 바닥에 가라앉았다 하여 침어(沈魚)의 미인이라 부른다.

「초선」은 부자관계를 맺은 동탁과 여포 사이를 오가며 이간질로 여포가 동탁을 제거하는데 이용되었다. 그의 미모는 너무나도 아름다워 달을 구름 속에 숨게 하였다 하였으니 그를 폐월(閉月)의 미인이라 부른다.

「왕소군」은 한나라 원제의 후궁이나 버려져 흉노의 호한야에게 보내지는데 고국산천을 떠나며 비파를 탔더니 날아가던 기러기가 말 위에 타고 있는 미모에 날갯짓을 잊고 땅에 떨어져 낙안(落雁)의 미인이라 부른다.

「양귀비」는 본래 당나라 현종의 아들인 수왕의 비였으나 첫눈에 반한 현종이 그만 자신의 귀비로 삼아 총애를 하였다. 그의 미모에 견주었던 꽃들이 오히려 부끄러워하였다고 하였으니 수화(羞花)의 미인이라 부른다.

서호에 왔으니 서시에 대해 좀 더 알아보자. 서시는 월나라가 오나라와 전쟁에서 패한 뒤 곤경에 빠진 모국을 구하기 위해 적국인 오나라 군왕 부차에게 미인계로 보내진 첩보원으로 역할을 다하고 묘연히 사라졌다.

이처럼 수많은 미인들은 뛰어난 미모로 한 때는 권력의 중심에서 권력자의 총애를 받기도 하였지만 결국은 시기와 쟁탈전의 대상에 휩싸여 희생양이 되기도 하였으니 미인박명이라 하듯 제명을 다하지는 못하였다.

항주 영은사와 용정차

내륙 운하로 북경까지 연결되어 있다는 항주는 아름답게 꾸며진 전통 있는 도시다. 인도의 영축산을 닮았다는 비래봉 자락 영은사(靈隱寺)를 찾았다. 천칠백여 년 전인 동진(東晋) 때 인도의 혜리선사가 창건하였다는 고찰이다. 중국 선종인 조계종 10대 사찰이기도 하다.

만나는 부처님마다 유난히 배가 불룩한데 관용의 커다란 그릇을 품고 있기 때문이라 한다. 영은사에는 당나라로 건너갔던 신라의 왕자 김교각 스님이 구화산 토굴에서 고행하다 99세에 항아리 속에서 가부좌한 채 등신불로 열반하여 이곳에 모셔져 추앙을 받고 있다.

이분이 바로 중국 사람들이 4대 보살로 모시는 문수보살, 보현보살, 관세음보살과 함께 지장보살이 되었다. 김교각 스님은 지장보살로 고국에서보다는 중국에서 더 많이 알려지고 더 존경을 받고 있는 셈이다. 이런 연유로 한국인의 긍지가 남달리 담겨져 있기도 하다.

이곳을 한국인 특별 관광구역으로 지정하여 중국인과 차별을

없애는 등 많은 배려를 하고 있다. 따라서 한국 관광객이 가장 많이 찾는 곳 중에 하나가 되었다. 우거진 숲의 고색창연한 사찰에서는 중국인들이 후줄근하게 땀에 젖어 한 줌 향을 태우며 복을 빌고 있었다.

중국인들의 차(茶)에 대한 열의는 아주 대단하다. 평소에도 식수사정이 과히 좋지 않은 탓인지 물병에 차를 담아 냉수처럼 마시기도 한다. 많은 산지 중에서도 서호 주변의 용정차(龍井茶)는 그 품질이 뛰어나 중국인들에게 많은 인기를 누리고 있는 고급품질에 속한다.

연한 잎을 120도의 전기 가마솥에서 열 가지 손동작으로 덖어내어 납작하게 눌러 건조를 한다. 수온이 칠팔십도 투명한 유리잔에 담가놓으면 어린 싹과 잎이 다시 피어나며 깃발처럼 나부끼는 찻잎에서 우러나는 모습에 빨려들며 아주 천천히 그 은은한 맛을 음미한다.

녹색의 빛에 넘치는 향기며 순한 맛에 아름다움까지 지닌 찻잎의 사절(四節)은 청출어람(靑出於藍)으로 그들보다 더 널리 얻어낸 이름은 작설 같은 찻잎의 생김새에 신선한 난 꽃의 향기로 서호의 빼어난 풍광을 담은 용정차로 태어나며 면면을 마음껏 과시하고 있다.

용정차는 용정사라는 절에서 재배하였다고도 하고 용정이라는 우물가에서 재배하였다고도 한다. 지금은 중국차의 대명사로 불릴 만큼 용정차의 명성은 유명세를 톡톡하게 타고 있다. 찻잎이 어리고 살점이 두터울수록 향기가 좋다며 중국인의 상술에 꼼짝없이 넘어간다.

상해임시정부와 홍구공원

3.1독립운동 직후인 1919년 4월 중국 상해에서 대한민국임시정부가 설치되었다. 그 후 이봉창 의사의 일왕저격사건이 일어나고 김구 주석이 주도하던 한인애국단 소속 윤봉길 의사가 홍구공원 천장절 기념식장에서 폭탄을 투척하면서 일본군에 큰 타격을 가하고 세계적인 관심을 끌었다.

일본정부의 눈치나 살피며 괜스레 꼬투리를 잡히지 않으려는 속셈에서 한국인에게 냉랭했던 중국정부나 중국인의 태도는 급변하여 임시정부를 격찬하고 나섰다. 김구 주석은 장개석 총통을 만나 적극적인 지원요청을 받아내고 낙양군관학교서 한인청년 초급군사간부를 양성할 수 있었다.

하지만 일경의 눈초리는 갈수록 사나워져 임시정부는 고난의 길로 들어서야 했다. 결국 거사 직후 상해임시정부는 13년의 역사를 마감하고 긴급히 이웃 항주로 피신을 하여야 했다. 상해에 잠복해 있던 김구 주석마저 자신이 거사를 주도하였음을 천명하며 밀정을 따돌리고 상해를 떠났다.

그러나 갈수록 하루도 마음 편히 쉴 곳이 없었으니 그야말로 외롭고 쓸쓸한 가시밭길을 가야했다. 상해를 떠나 항주 – 진강 – 호남성의 성도인 장사 – 광동성 광주 – 유주 – 기강으로 8년여를 옮겨가면서 곳곳에서 일본군과 대치하여야 했다. 그러나 자주독립이라는 불굴의 의지는 꺾일 수 없었다.

중일전쟁의 와중에 공습을 피해가면서 중경에 이르러 해방이 될 때까지 5년을 견뎌내었고 남의 땅 중국에서 일곱 번씩이나 이사를 다녀야 했던 고난과 역경으로 점철된 임시정부 27년 수난의 역사였다. 그래도 한국광복군 결성 및 건국강령 선포 등 대한민국건국의 굳건한 초석이 되었다.

상해시 마당로(馬當路) 306농(弄) 4호. 여기가 바로 암흑시대에 민족에게 한끝 희망의 등불을 밝히고 횃불을 당겼던 역사의 현장인 상해임시정부가 있었던 곳이다. 비좁은 골목 안에 허름한 건물은 비록 화려하리라 생각지는 않았어도 이토록 비참할 줄은 몰랐다. 대뜸 눈시울이 붉어졌다.

뒤늦은 1990년부터 복원으로 틀을 잡았다지만 골목길 안에 3층 벽돌집으로 전형적 상하이주택인 스쿠먼(石庫門) 양식이다. 건물 안으로 들어서니 오밀조밀 정리는 되었지만 잠시도 마음 편할 여유 없이 항상 날카로운 눈초리에 촉각을 세우기에 숨 가빴을 현장으로 마음이 아리게 저민다.

1층은 주방이고 2층에는 백범 김구 주석의 집무실 겸 숙소가 있다. 3층은 뭔가 애절하면서도 절실하고 늘 쫓기면서 다급했을 요원들의 숙소다. 이국타향에 가족과 생이별을 하고 홀로 머물며 오로지 조국과 민족을 위해 몸과 마음까지 다 바쳤던 애국지사들의 모습을 그려보며 숙연해진다.

전시실에는 대한독립선언서와 기관지인 독립신문이 놓여있고 당시 임시정부 회의록 등도 엿볼 수 있다. 오늘은 광복절로 오매불망 그렇게 그리던 광복이었는데 태극기 깃발마저 꽂지 못했구나. 김구 주석 청동흉상의 의연함은 여전한데 이틀 전 세미나에 조촐한 실내 플래카드가 전부였다.

비록 낡을 대로 낡은 청사지만 광복절만이라도 무료로 개방해도 좋으련만 관리마저 중국정부에서 하며 5위엔(2,300원)의 입장료를 받고 우리나라는 기껏 보조금이나 지원하는 정도였다. 그러다 보니 근무자도 피동적으로 안내하는 여직원 몇 명뿐이다. 초라하고 비참하다는 마음만 들었다.

건너편 창문에 걸친 긴 대나무에는 속옷까지 걸려 너덜너덜 나부끼는 빈민촌이다. 그나마 곧 재개발된다며 전전긍긍하고 있었다. 뜻있는 사람은 성의껏 기부금을 냈으면 싶다는 말에 마치 못 들을 것을 들은 양 만원 한 장에 벌벌 떨며 애써 외면하고 옆걸음질로 내빼는 사람들이었다.

혼자 고상하고 호탕한 척하면서 이러쿵저러쿵하더니 참으로 얼굴 두꺼운 졸부였다. 그래도 가짜가 난무하는 속에 홍청망청 뽐내며 온통 바가지에 사재기로 안달이었다. 생활고에 찌들었어도 선뜻 독립자금을 냈다는 사실이 가슴을 뭉클하게 짓이기며 새삼 저려올 줄을 뉘라서 알았으랴.

홍구공원은 중국 근대화의 아버지로 추앙 받는 노신(魯迅)을 추모하며 노신공원으로 바뀌었다. 공원 속 작은 공원이라 할 매원이 생겼다. 매원(梅園)의 매정(梅亭)은 매헌(梅軒) 윤봉길 의사의 기념관이다. 매헌은 사나이 뜻을 이루기 전에는 돌아오지 않는다고 큰 뜻을 품고 집을 나섰다.

매헌은 일왕의 생일인 천장절(天長節) 겸 상하이사변 전승기념 축하행사장에 잠입하여 폭탄을 투척하였다. 의거는 일본인의 간담을 써늘하게 하였을 뿐만 아니라 침체되었던 독립운동에 다시 불을 붙이며 세계만방에 알렸다. 기념관 이웃인 행사장 자리에는 노신의 무덤이 안치되어 있다.

의거는 중국인의 한을 대리 푼 쾌거이기에 백만의 중국군이 하지 못한 일을 조선의 한 젊은이가 해냈다는 극찬으로 중국인들의 한국인에 대한 냉랭했던 태도를 한순간에 돌려놓았다. 이처럼 깊은 뜻이 담긴 곳으로 의사를 높이 평가하여 대국 자존심의 땅에 선뜻 기념관 자리를 내주었다.

전시장에는 대한민국 만세를 부르다 미처 사용치 못한 도시락 폭탄이 남아 있다. 혈기왕성한 약관 25세에 일본형무소에서 형장의 이슬이 되었지만 오히려 일본인의 가슴을 도려낸 자랑스러운 영웅 영원한 한국인이 되어 살아 숨 쉬고 있다. 추모하는 사당이 충남 예산 수덕사 입구에 있다.

상해 그리고 돌아오기

항주에서 상해로 가는 길은 가도 가도 끝없이 펼쳐진 들녘이다. 그 들녘에는 뽕나무 밭이 지천으로 깔려있다. 그만큼 양잠업이 성행했으며 비단의 생산지라는 암시이기도 하다. 상해는 다른 관광지가 오랜 역사를 갖고 있는 고도임에 비해 불과 일세기 안팎에 급격히 성장한 신흥도시이다.

하지만 아시아 금융계의 메카로 부상하고 있다. 빈부의 차이 또한 엄청나게 심한데다 구도심과 신도심으로 양분되었다. 포동 지구의 신공항과 함께 자기부상열차에 대한 큰 자긍심을 갖고 있기도 하다. 북경과 함께 상해는 거대한 중국 대륙의 심장부 핵심으로 발돋움하고 있음에 틀림없다.

평상시 같으면 상해의 밤은 굉장히 호화찬란한 불빛에 타고 있을 터이다. 그러나 최근에는 가뭄으로 전력 사정이 현저히 떨어져 여름철 전력수요를 충당하기에 고심하고 있다. 네온사인이 꺼진 밤거리는 어둠침침하여 마치 죽음의 거리 같았다. 그러니 관광지로서 좀 쓸쓸함이 배어나왔다.

중국 사람들은 토속신앙적인 믿음이 아주 깊다. 투전을 좋아하는 만큼이나 숫자는 부를 상징하는 8자에 욕구가 강하다. 자동차 값도 번호판 숫자 중에 8자의 개수가 몇 개냐에 따라 금값으로 뛴다. 심지어 북경올림픽 개막식을 2008년 8월 8일 8시 8분인가에 개최한다고 공표할 정도이다.

상해의 곡예단은 아주 유명하다. 서커스단의 줄타기는 아찔아찔하다. 홍건한 땀을 쥐고 몸동작 하나하나에 신경을 곤두세웠다. 눈부신 요정의 발레는 숨이 멎어들 듯하다. 몸짓으로 보여주는 하나의 시고 그림이고 살아있는 조각품이었다. 가슴 찡한 박수에 혼연일체 호흡을 가다듬었다.

지방관리였던 아들이 어머니의 노후를 위해 꾸몄다는 청대의 정원인 예원(豫園)의 웅장한 규모는 상상을 초월한다. 큼직한 호수에 비단잉어가 노닐고 아늑한 공연장, 구멍이 숭숭 뚫린 태호석(太湖石)으로 조경된 산책로의 고풍스런 화려함은 어느 황실의 궁궐이라 해도 손색없을 성싶었다.

이제 관광을 끝내고 돌아가야 한다. 티브이에서나 보고 신문에서나 읽었던 일이 나에게도 현실로 나타났다. 엑스트라로 맴돌던 내가 이제는 주인공으로 등장했다. 포동공항에서 인천공항으로 귀국길이다. 중국 동방항공의 무성의가 한국인을 노골적으로 얕잡아보는 듯한 처사에서 벌어졌다.

아무리 만만디라 하지만 비행기 출발시간마저 멋대로 몇 번씩 지연하고도 안내방송이나 사과 한 마디 없다. 인천공항서 마지막 공항버스시간까지 끊겼어도 아무런 대책이 없음에 분개하기 시작했다. 저들은 이따금 있을 수 있는 일이라고 할지 몰라도 우리로

서는 받아들이기 어려운 일이다.

얌체기업으로부터 무작정 지연운행에 따른 떳떳한 배상요구를 하고 내 몫은 내가 챙겨야 한다며 인격적인 정당한 대우를 얻어내기 위하여 함께 뭉쳤다. 어쨌든 뭉치면 해결방안이 나오고 모두가 산다. 결국 기내에서 내리기를 거부하는 농성으로 관계자로부터 깍듯한 사과를 이끌어 냈다.

동북공정이라는 역사왜곡이 불거져 나온 지 얼마 되지 않는 시점에 아주 뻔뻔스럽고도 두꺼운 얼굴로만 아른거렸다. 아무리 사회주의국가라 하지만 국내가 아닌 국제적인 신용조차 적당히 얼버무리려 했을까. 하루 다르게 바뀌어 가는 세상인데 겉만 번지르르 알맹이 없는 짓을 할까나.

더구나 서비스업으로 한국인을 상대로 돈벌이 하면서 속이 훤히 들여다보이는 짓거리다. 한국인에 대한 인식 개선을 강력하게 요구하여 작으나마 그 성과를 얻어낸 광복절이었다. 비록 늦어진 시간이었지만 전례 없는 대접이라며 전세버스를 마련해 무사하게 대전까지 돌아올 수 있었다.

작가의 약력

◈ 外松 朴鍾國 수필가는

* 충남 아산시 송악면 외암리 출생
* 계간 오늘의문학 隨筆 등단
* 월간 문예사조 詩 등단
* 세무사 시험 (제18회) 합격
* 공인중개사 시험 (제1회) 합격

◈ 수필집

▶ 01집 : 남산공원 맹꽁이
▶ 02집 : 버드내 초록마을
▶ 03집 : 향기가 묻어나는 풍경
▶ 04집 : 거미줄에 걸린 날
▶ 05집 : 백두대간
▶ 06집 : 그곳에 가보고 싶다

◈ 시집

▶ 01집 : 고장난 시간들
▶ 02집 : 내 마음에 그물질하는 사람아
▶ 03집 : 그리움 놓고 가면
▶ 04집 : 나는 그대 얼굴로 그대는 내 얼굴로
▶ 05집 : 사랑 365
▶ 06집 : 다시 사랑 365
▶ 07집 : 또다시 사랑 365
▶ 08집 : 백령도에 비가 내린다.上
▶ 09집 : 백령도에 비가 내린다.下
▶ 10집 : 6월, 그날의 함성
▶ 11집 : 땀으로 씻어낸 지리산

- ▶ 12집 : 야릇한 돼지의 미소
- ▶ 13집 : 천지에 발 담그고
- ▶ 14집 : 개미 비상 걸기
- ▶ 15집 : 그대는 산에 가면 산이 되는가
- ▶ 16집 : 박종국 16 시집
- ▶ 17집 : 버드내 풍경
- ▶ 18집 : 고기 굽는 마을
- ▶ 19집 : 섬은 섬을 말하지 않는다

◈ 문학관련 회원

- ▶ 한국문인협회 문단정화위원
- ▶ 뜨락문학회 회장
- ▶ 한국수필가협회 회원
- ▶ 문학사랑협의회 회원
- ▶ 대전문인협회 감사
- ▶ 아산문인협회 회원
- ▶ 대전.충남수필문학회 회원
- ▶ 대전문인총연합회 회원

◈ 문학관련 수상

- ▶ 월간 문예사조 신인상(詩)
- ▶ 행정자치부장관상(隨筆)
- ▶ 대전광역시장상(詩)
- ▶ 대전문학상(詩)
- ▶ 예술문화공로 대전광역시장상
- ▶ 계간 오늘의문학 신인상(隨筆)
- ▶ 국세청장상(詩)
- ▶ 인터넷문학상(詩)
- ▶ 옥로문학상(詩.隨筆)

◈ 기타

- ▶ 대전지방국세청 학생세금문예작품 글짓기 심사위원
  – 대전.충남.충북 초.중.고등학생(2005~2011년)
- ▶ 대전 디딤돌산악회 회장(역)
  – 백두대간(지리산 천왕봉—금강산 향로봉) 종주

그곳에 가보고 싶다

박종국 제6수필집

발 행 일 | 2012년 5월 18일
지 은 이 | 박종국
발 행 인 | 李憲錫
발 행 처 | 오늘의문학사
출판등록 | 제55호(1993년 6월 23일)

주 소 | 대전광역시 동구 삼성1동 125-6 한밭오피스텔 401호
전화번호 | (042)624-2980
팩시밀리 | (042)628-2983
홈페이지 | http://www.lito77.co.kr(홈페이지)
전자우편 | hs2980@hanmail.net

공 급 처 | 한국출판협동조합
주문전화 | (070)7119-1741~2
팩시밀리 | (031)944-8234~6

ISBN 978-89-5669-497-9 03810
값 12,000원